ESSERE UN BUON INSEGNANTE OGGI

(Dalla versione originale in lingua inglese: "Love Children Effectively")

La guida per l'insegnante. Gestisci le tue emozioni agendo su atteggiamento cognitivo-comportamentale. Offri le tue emozioni ed impara ad amarli in modo efficace.

Scritto da:

Arthur Mc Teachers

© Copyright 2022 di Arthur Mc Teachers - Tutti i diritti riservati.

Questo documento è orientato a fornire informazioni esatte e affidabili in merito all'argomento e alla questione trattata.

Da una Dichiarazione di Principi che è stata accettata e approvata equamente da un Comitato dell'American Bar Association e da un Comitato di Editori e Associazioni.

Non è in alcun modo legale riprodurre, duplicare o trasmettere qualsiasi parte di questo documento in formato elettronico o cartaceo. Tutti i diritti riservati.

Le informazioni qui fornite sono dichiarate veritiere e coerenti, in quanto qualsiasi responsabilità, in termini di disattenzione o altro, da qualsiasi uso o abuso di politiche, processi o indicazioni in essi contenute è esclusiva e assoluta responsabilità del lettore destinatario. In nessun caso alcuna responsabilità legale o biasimo potrà essere ritenuta nei confronti dell'editore per qualsiasi riparazione, danno o perdita monetaria dovuta alle informazioni qui contenute, direttamente o indirettamente.

I rispettivi autori possiedono tutti i diritti d'autore non detenuti dall'editore.

Le informazioni qui contenute sono offerte esclusivamente a scopo informativo e sono universali in quanto tali. La presentazione delle informazioni è senza contratto né alcun tipo di assicurazione di garanzia.

I marchi utilizzati, qualora presenti, sono senza alcun consenso e la pubblicazione del marchio avviene senza autorizzazione o supporto da parte del titolare del marchio. Tutti i marchi citati e i marchi all'interno di questo libro sono solo a scopo chiarificatore e sono di proprietà dei proprietari stessi, non affiliati a questo documento.

SOMMARIO

Premessa 1

Introduzione 5

Capitolo 1: Che significato rappresenta oggi l'educazione dei bambini? 9

Capitolo 2: Quale preparazione relazionale dovrebbe avere un insegnante del Terzo Millennio? 13

Capitolo 3: Lascia che falliscano 17

Capitolo 4: Lodateli correttamente 27

Capitolo 5: Abilità sociali dei bambini 33

Capitolo 6: Comportamenti 39

Capitolo 7: Altri comportamenti ripetitivi 45

Capitolo 8: Dinamiche familiari 53

Capitolo 9: Non punire 59

Capitolo 10: Impara a viverli insieme 69

Capitolo 11: Ama i bambini in modo efficace 73

Capitolo 12: Cos'è la terapia cognitivo-comportamentale? 77

Capitolo 13: Strategie per gestire l'ansia, lo stress, la depressione e la rabbia dello studente 91

Capitolo 14: Comunicazione da adottare con il bambino 99

Capitolo 15: Rabbia 103

Conclusione 111

PREMESSA

Come insegnante, probabilmente sai già che i bambini possono beneficiare dei pranzi scolastici. Ma conosci tutti i modi in cui le scuole e gli insegnanti usano per comunicare con i bambini? Puoi descrivere una situazione in cui quella comunicazione è stata efficace?

Questa guida ti aiuterà a capire perché gli studenti si comportano in un certo modo e quale influenza hanno sullo sviluppo di tuo figlio. Pertanto, questo libro può effettivamente essere utile.

L'educazione di tuo figlio è importante. Affinché tuo figlio possa essere all'altezza del suo potenziale, devi insegnargli come comunicare!

I prodotti per l'istruzione per bambini e per gli studenti sono progettati con i migliori programmi educativi e metodologia per garantire il successo a scuola. I nostri prodotti insegnano agli studenti come comunicare in modo efficace, in un programma ben strutturato che può essere integrato nel curriculum di scelta di un insegnante.

I nostri programmi di formazione sono sviluppati da educatori e modellati su aule di successo. Ciò garantisce risultati positivi che possono essere replicati in classe o a scuola.

Offriamo diversi programmi di formazione a seconda dell'età e del corso di studi di tuo figlio. Con i nostri programmi, saranno in grado di utilizzare i nostri strumenti nel loro lavoro quotidiano e impareranno le competenze di cui hanno bisogno per avere successo proprio come qualsiasi altro studente.

Ognuno in un ambiente scolastico ha un ruolo unico. Uno dei ruoli più importanti è quello di insegnante per gli studenti che presto diventeranno adulti. Hai la responsabilità speciale di aiutare questi studenti a imparare a comunicare con gli altri.

Lo scopo di questo libro è quello di aiutare l'insegnante e gli alunni delle scuole a comunicare meglio. Il modo migliore per farlo è capire cosa dice tuo figlio e farlo sentire speciale.

Con questo libro, imparerai come creare un buon rapporto con tuo figlio. Imparerai anche quanto può essere efficace la guida nell'apprendimento.

Pensiamo che i libri scritti appositamente per le aule scolastiche siano più utili e molti insegnanti sono d'accordo. Sembra il modo migliore per garantire che gli studenti abbiano accesso a libri che possono capire e utilizzare nella loro classe. Più libri leggi con i tuoi studenti, meglio diventeranno nella lettura.

Education for kids crede nella promozione dell'alfabetizzazione attraverso l'istruzione ed è nostra missione contribuire a migliorare le capacità di lettura degli studenti. Incoraggiamo gli insegnanti a incoraggiare gli studenti a leggere fornendo loro un'ampia varietà di titoli a un prezzo accessibile.

Gli insegnanti sono spesso oberati di lavoro e sottopagati. Di conseguenza, devono dedicare grandi quantità di tempo ai compiti per i loro studenti. Può essere difficile scrivere un saggio chiaro e conciso su un argomento con cui lo studente non ha familiarità.

Gli insegnanti possono aiutare i loro studenti a diventare scrittori migliori fornendo loro materiali sull'argomento.

Un modo in cui gli insegnanti possono aiutare i loro studenti è aiutarli a imparare a scrivere saggi e documenti informativi. Ad esempio, uno degli autori di questo libro ha scritto un libro completo chiamato "Come scrivere saggi", che è stato appositamente creato per aiutare gli insegnanti a insegnare ai loro studenti come scrivere saggi.

Molti genitori sono molto preoccupati che i loro studenti siano i più intelligenti della classe. La paura è che se non si prendono il tempo di insegnare loro, allora diventeranno annoiati, pigri e potrebbero non voler imparare affatto. Questo non è un problema per l'educazione per i bambini. In Education for kids', abbiamo intrapreso una missione per fornire agli insegnanti semplici manuali che possano aiutare gli studenti a sviluppare capacità comunicative e capacità di apprendimento.

INTRODUZIONE

In Education for kids, comprendiamo che l'istruzione è vitale nello sviluppo di un bambino. Ci impegniamo a fornire materiali di sviluppo infantile di alta qualità per gli studenti. Comprendiamo anche che l'insegnante è spesso l'influenza più importante nella vita di un bambino. Speriamo che questa guida ti aiuti a saperne di più su come ispirarli e motivarli.

I bambini crescono velocemente e può essere difficile tenere il passo con il loro sviluppo. Questo è il motivo per cui devi sapere come insegnare ai tuoi studenti e cosa possono aspettarsi da te come insegnante.

Sapere cosa rende un buon insegnante per molte persone, l'insegnamento è visto come un modo per guadagnare soldi extra o qualcosa che a loro piace fare. Tuttavia, per essere un buon insegnante, devi avere una passione per ciò che stai insegnando, e questo ti consente di presentare efficacemente le informazioni su di esso. Essere appassionati di qualcosa ti aiuta a relazionarti meglio quando lo spieghi. Sebbene l'insegnamento sia un lavoro duro, ha molte ricompense. Scoprirai che i tuoi studenti impareranno di più da te se hai un amore per l'argomento stesso che se lo fai solo perché la busta paga è buona. Inoltre, non è necessario memorizzare tutte le informazioni della materia prima di insegnarle in classe; piuttosto, spiega l'argomento in modo tale che tutti lo capiscano. Quindi, avere un amore per la materia stessa ti consente non solo di insegnare meglio alle persone; ma rende anche più facile per loro assorbire le informazioni più facilmente da ciò che dici. Inoltre, essere appassionati di ciò che insegni aiuta gli altri a capire l'argomento. Quindi pensa attentamente a fare questa scelta: se questo è ciò che ti ispira, allora probabilmente farà sì che anche gli altri vogliano diventare studenti migliori.

"Education for Kids" è un portale educativo a tutti gli effetti, che dovrebbe gettare le basi per svolgere il proprio lavoro e la propria vita.

La crescita emotiva dell'insegnante è molto importante. Questo dovrebbe essere determinato non solo dalla sua professionalità, ma anche dal livello di emozioni fornite dall'insegnante a causa della sua esperienza e abilità. La passione dell'insegnante, unita alla sua competenza professionale, gli permette di esprimersi sempre con molta intuizione e brillantezza, oltre che per quanto riguarda le materie.

I valori che sottolineano l'educazione per i bambini sono l'entusiasmo, la competenza nella materia insegnata, l'impegno per l'obiettivo, la comprensione della propria missione nella vita - sia professionalmente che personalmente, e la conoscenza di se stessi.

"Un insegnante può insegnare a una persona come diventare responsabile della propria vita, come diventare indipendente e libera, come diventare un adulto, ma se una persona non ha lo sviluppo emotivo dei propri figli, non sarà mai in grado di diventare un buon essere umano da solo."

Il sistema educativo che esiste oggi non è abbastanza buono. Ciò di cui c'è bisogno è un sistema educativo che sia adattato all'individuo.

C'è solo un modo per cambiare questa situazione: sta a noi cambiarla.

Per crescere gli studenti, abbiamo bisogno di educatori che mostrino loro la strada e che siano in grado di guidarli nel loro viaggio verso l'età adulta. Abbiamo bisogno di educatori che insegnino agli studenti la responsabilità e la libertà; che insegnano loro l'amore e il rispetto; e che insegnano loro il successo nel loro percorso verso il diventare un buon essere umano. Abbiamo bisogno di insegnanti che siano appassionati di ciò che fanno, che abbiano fiducia nelle loro capacità e che siano disposti ad aiutare gli altri a raggiungere i loro obiettivi.

Oggi, ogni bambino inizia il processo di apprendimento in tenera età: inizia a imparare all'età di 1 o 2 mesi. Con questo inizio, raggiungiamo una formazione psicologica che diventa strutturale in molti modi. Infatti, in così tenera età, i bambini vengono introdotti nel mondo del linguaggio; con questa formazione linguistica, iniziano a comunicare con gli altri. Questo forma il nostro primo assaggio di sentimenti come la felicità, la tristezza e l'anticipazione di determinati eventi.

CAPITOLO 1:

Che significato rappresenta oggi l'educazione dei bambini?

Nel mondo moderno di oggi, l'istruzione per i bambini è più importante che mai. Non solo gli studenti hanno bisogno di essere educati nel presente, ma devono anche prepararsi per il futuro. Ciò significa che dobbiamo cambiare il modo in cui insegniamo loro.

Il sito web dell'area Education for Kids è stato creato con una nuova visione in mente: aiutare i bambini a imparare e crescere a un livello completamente nuovo. Il futuro richiederà qualcosa di più delle semplici capacità di lettura e scrittura; richiederà nuove abilità come creatività, produttività e immaginazione.

La globalizzazione e Internet hanno rivoluzionato il modo in cui comunichiamo e insegniamo. La rivoluzione industriale ci ha dato motori a vapore e ha aperto la strada a una nuova era di crescita industriale. Internet ci ha permesso di scambiare informazioni e idee a un ritmo senza precedenti senza mai dover viaggiare in un altro paese o città. L'istruzione è cambiata molto e i bambini stanno vivendo questo cambiamento ogni giorno a scuola.

I bambini di oggi vivono in un mondo del 21° secolo di rapidi cambiamenti. I bambini trascorrono innumerevoli ore davanti a schermi come computer, telefoni cellulari e videogiochi. Con i genitori che lavorano per lunghe ore, i bambini sono lasciati a badare a se stessi in molti aspetti della vita sociale. Ci si aspetta che i bambini diventino adulti responsabili; devono conformarsi a ciò che la società si aspetta da loro piuttosto che fare ciò che li rende felici. Gli insegnanti devono preparare i loro studenti a questa nuova era di aspettative educative incoraggiandoli a divertirsi durante l'apprendimento e dando loro le conoscenze di cui hanno bisogno per la vita dopo la scuola.

Il modo ideale per un bambino di imparare è attraverso il gioco. I bambini imparano meglio quando si divertono, quindi è fondamentale coinvolgere il bambino in attività di qualità che li aiuteranno a raggiungere i loro obiettivi, insegnando loro anche importanti lezioni di vita come l'autodisciplina, il rispetto e la responsabilità.

Dovrai calcolare quanto tempo dedicherai a ciascun bambino e come potrai poi condividere le tue conoscenze con lui/ lei. Il lavoro educativo nelle mani dei pedagoghi può cambiare: non si tratta solo di impartire conoscenza, ma anche di prendersi del tempo per incoraggiare l'immaginazione dei bambini e il loro potenziale.

Con tutte le conoscenze che abbiamo oggi, è molto possibile per te ottenere una visione approfondita di ciò che i tuoi studenti stanno imparando. In effetti, è possibile arrivare al punto di fornire prove per dimostrare che stai insegnando ai tuoi studenti cose che non sanno nemmeno.

Essere un insegnante efficace è diventata una delle parti più importanti del mondo di oggi. Devi essere in grado di insegnare in modo efficace in modo che i tuoi studenti non solo imparino le tue stesse cose, ma imparino anche cose da soli che non ti aspettavi nemmeno che sapessero.

Le sfide nel mondo di oggi sono numerose. I bambini devono affrontare un gran numero di influenze che li colpiscono ogni giorno. Il modo migliore per combattere queste sfide è avere buone conoscenze, abilità ed esperienza. Il tipo di conoscenze e abilità di cui hai bisogno per essere un insegnante efficace oggi sono molte e potresti anche non sapere cosa siano.

L'educazione per i bambini di oggi non consiste solo nell'insegnare loro a leggere e scrivere. Si tratta anche di insegnare loro come pensare in modo critico, come usare la loro intelligenza innata e le loro capacità di apprendimento e come dovrebbero vivere le loro vite. Questa nuova era richiede nuovi modi di pensare anche da parte degli insegnanti. Dovresti essere in grado non solo di insegnare le lezioni, ma anche di coinvolgerli nell'apprendimento e nell'insegnamento per lungo tempo. Se i genitori hanno deciso che i loro figli sono abbastanza grandi da essere istruiti, dovrebbero prendere in considerazione l'adesione al programma Education for kids. Possiamo aiutarti a prepararti per questo grande passo con molti programmi di formazione progettati per offrire agli insegnanti gli strumenti di cui hanno bisogno per avere successo nel mondo di oggi, aiutando gli studenti a raggiungere il successo accademico attraverso l'eccellenza educativa.

CAPITOLO 2:

Quale preparazione relazionale dovrebbe avere un insegnante del Terzo Millennio?

Nel nuovo millennio dell'apprendimento mediato dal computer, come si preparano gli insegnanti alla tendenza sempre crescente dell'insegnamento e dell'apprendimento computerizzati? Quali strategie relazionali dovrebbero conoscere? Quali strumenti avranno successo in questo nuovo millennio? Come possono gli insegnanti e gli studenti prepararsi per questo nuovo millennio e come possono diventare efficaci in questa nuova era?

In questo millennio tutti gli insegnanti devono prepararsi ai cambiamenti nell'insegnamento e nell'apprendimento. Gli insegnanti devono essere disposti ad apportare cambiamenti nelle loro strategie di insegnamento per affrontare le sfide presentate dal nuovo millennio. Senza preparazione, potrebbero trovarsi impreparati ad adattarsi alle esigenze del prossimo decennio.

"È necessario insegnare le abilità di alto ordine, soggettive, emotive, sociali e cognitive nel terzo millennio. Altrimenti, gli insegnanti renderanno difficile la vita degli studenti".

L'attuale sistema educativo statunitense non funziona. In effetti, potrebbe essere peggio del vecchio sistema perché ora sappiamo molto di più su come i cervelli umani imparano e su come gli insegnanti influenzano l'apprendimento degli studenti. Ad esempio, gli studenti imparano attraverso l'esplorazione attiva del materiale lavorando da soli e attraverso la collaborazione con gli altri. Gli studenti devono collaborare con gli altri nei programmi scolastici e dopo la scuola. Gli studenti devono impegnarsi in conversazioni continue tra loro sul loro lavoro, specialmente quando non sono attivamente supervisionati dagli insegnanti. Gli studenti hanno anche bisogno di opportunità per praticare nuove abilità, spesso con coetanei o in piccoli gruppi di pari. Imparano meglio quando hanno opportunità di impegno attivo nella risoluzione dei problemi e nel processo decisionale basato sulla propria esplorazione del materiale. Gli insegnanti devono fornire agli studenti il supporto di cui hanno bisogno per sviluppare le competenze essenziali che sappiamo essere necessarie per il successo nel terzo millennio. Gli insegnanti devono capire come possono essere efficaci nell'insegnare ai loro studenti e poi insegnare a se stessi come essere efficaci come insegnanti in questa nuova era di educazione e apprendimento. Se vuoi aiutare i tuoi studenti a imparare con successo in un nuovo millennio, puoi iniziare non appena diventi un insegnante. Se non sei sicuro di voler diventare un insegnante, puoi comunque usare questo libro come guida per dove i tuoi sforzi potrebbero essere spesi al meglio.

Diamo un'occhiata agli insegnanti di oggi per vedere di che tipo di preparazione hanno bisogno nel prossimo secolo. Molte nuove tecnologie vengono introdotte nelle scuole che dovranno essere incorporate nella pratica in classe. Sebbene alcune di queste tecnologie siano in circolazione da anni, solo di recente sono diventate convenienti e facilmente accessibili. E man mano che queste tecnologie diventano più economiche e più ampiamente disponibili, saranno ampiamente utilizzate nelle aule. Sebbene ci siano molti strumenti che gli insegnanti devono utilizzare nelle classi di oggi, ce ne sono alcuni specifici che sono stati identificati come risultati cruciali della riforma scolastica:

1. Gli studenti devono essere preparati per le future situazioni di lavoro
2. Gli insegnanti devono essere preparati a insegnare agli studenti utilizzando più supporti, inclusi supporti cartacei e computer

3. L'insegnante deve anche essere preparato per modi di insegnamento non tradizionali, come preparare gli studenti per future situazioni di lavoro
4. L'insegnante deve essere preparato a insegnare una gamma di età e livelli di studenti da molto giovani a molto anziani
5. Gli studenti devono avere un senso del proprio valore e quindi devono essere insegnati modi che li aiutino a raggiungere i loro obiettivi
6. Gli insegnanti devono promuovere un ambiente premuroso che aiuti gli studenti a sentirsi accettati
7. Gli studenti devono imparare a gestire il tempo non strutturato
8. Ogni studente dovrebbe sentirsi sicuro e protetto quando partecipa alle attività di classe o scolastiche
9. C'è un urgente

Una delle cose più importanti che un insegnante può fare per preparare gli studenti al nuovo millennio è aiutarli a prepararsi per questo.

Molte persone pensano che viviamo in un nuovo millennio, ma se leggi attentamente, scoprirai che questo cosiddetto nuovo millennio non è ancora accaduto. È solo un periodo di transizione, e stiamo ancora vivendo alla fine dell'ultimo millennio.

Quindi, che tu sia un insegnante o uno studente, ci sono alcune cose che dovresti fare per prepararti a questo nuovo millennio di apprendimento. Alcune persone potrebbero pensare che insegnare ai bambini che si sono rapidamente diplomati al liceo o all'università negli anni Settanta fosse una preparazione sufficiente per la vita in questo nuovo millennio, ma non era sufficiente per gli studenti di oggi. Dovranno entrare nell'istruzione superiore o iniziare a lavorare immediatamente dopo la laurea se vogliono ottenere un reddito di sussistenza e imparare dai professionisti durante la loro carriera lavorativa.

Ecco un elenco di alcune cose che puoi fare per aiutare i tuoi studenti a prepararsi per questo nuovo millennio:

1. Scopri i computer e come funzionano. Con tutti i progressi della tecnologia durante il secolo scorso, la maggior parte di noi è stata in grado di adattarsi abbastanza bene con i computer. Ma gli studenti nelle scuole oggi usano ancora macchine da scrivere e schedari, e così via. Non solo sono impreparati a usare i computer, ma non ne sanno abbastanza per capire cosa possono fare per loro in futuro.

2. Imparare a programmare i computer è un'altra grande cosa che dovresti fare per i tuoi studenti ora. Se tuo figlio ha un talento per la matematica o la fisica, o l'ingegneria, dovrebbe configurare il proprio computer quando lascia il liceo e imparare come imparare a programmarlo insieme a te poiché lo avrà tutto il giorno ora. Se non è sicuro di cosa vuole che i suoi piani di carriera siano un giorno, dovrebbe almeno unirsi a una società di supporto informatico mentre è ancora a scuola come opzione.

CAPITOLO 3:

Lascia che falliscano

Ti ricordi la prima volta che hai fallito in qualcosa? La prima F che abbia mai fatto un test sarà per sempre bruciata nella mia memoria. Non dimenticherò mai quella sensazione di fango che mi ha riempito il cuore quando mi sono reso conto che avevo davvero incasinato. Ricordo anche come reagivano i miei genitori. Ero convinto che sarebbero stati così arrabbiati che sarei stato urlato e mandato nella mia stanza e punito per la settimana successiva, ma il mio cervello di nove anni non avrebbe potuto essere più sbagliato. Hanno semplicemente chiesto: "Che cosa è successo?" Ho detto loro che avevo incasinato e non avevo studiato per il test. Hanno chiesto: "Succederà di nuovo?" Ho scosso con veemenza la testa. Non ho mai avuto un'altra F in un test.

Se puoi provare a ripensare a un tempo in cui hai fallito da bambino, puoi scommettere che questo è il modo in cui tuo figlio si sentirà quando fallirà in qualcosa. Ancora più importante, però, pensa a come vorresti che i tuoi genitori reagissero quando ti sentivi in quel modo. Il fallimento fa parte della vita; non possiamo proteggere i nostri figli da esso, non importa quanto duramente ci proviamo. Infatti, più li proteggiamo, meno sono in grado di farcela. Vedi, i miei genitori sapevano che non avevo studiato per quel test, ma sapevano anche che dirmi di studiare non sarebbe stato sufficiente. Dovevano farmi vedere le conseguenze delle mie azioni perché la lezione rimanesse.

Fallire non è fallire

Come genitori, può essere allettante voler salvare i nostri figli da qualsiasi esperienza negativa. Questo può diventare estremo, come chiamare gli insegnanti e chiedere loro di cambiare i voti di test e compiti di tuo figlio. Anche se sembra di proteggere il bambino da danni emotivi, può avere effetti inversi.

Quando tuo figlio ha imparato a camminare, l'hai visto cadere molto. Cadevano sul sedere, sulla schiena, sul viso e sulle mani mentre oscillavano lungo la strada o il pavimento della cucina. Sapevate, tuttavia, che questo faceva parte del processo. Non ti sei precipitato a prenderli ogni volta che sono caduti perché non avrebbero mai imparato a camminare, e potresti finire per portare il tuo ragazzo di 18 anni al suo diploma di scuola superiore. Tuo figlio ha dovuto fallire prima di poter avere successo.

Questo vale oltre lo sviluppo delle capacità motorie di base, ma con l'aumentare della posta in gioco, può diventare più difficile per noi lasciare che i nostri figli cadano. Fallire una lezione a scuola differisce notevolmente dal cadere al parco, ed è difficile vedere cosa impareranno da quell'esperienza. Questo è quando la maggior parte dei genitori cerca di intervenire per salvare le emozioni dei propri figli invece di insegnare loro come affrontare i risultati negativi.

Fallire nelle attività può insegnare ai bambini una varietà di lezioni di vita utile. In primo luogo, dà loro l'opportunità di imparare dai loro errori. Quando ho fatto una F in quel test, ho imparato che non mi piaceva il modo in cui ci si sentiva a comportarsi male a scuola, e ho apportato le modifiche in modo che non accadesse mai più. Se tuo figlio non sa come ci si sente a fallire, non saprà come lavorare sodo per evitarlo e superarlo.

Dà anche ai bambini l'opportunità di chiedere aiuto agli altri, un'abilità integrale nel mondo degli adulti. Nessuno vuole vedere il proprio figlio adulto annegare nel lavoro perché non sa come chiedere aiuto agli altri membri del proprio team. Se possiamo insegnare questa abilità fin dall'inizio, possiamo evitare questa possibilità e promuovere la resilienza e il talento per il lavoro di squadra.

Quando ai bambini è permesso di fallire, possono imparare che fallire in un compito non li rende un fallimento come persona. Questo può essere difficile da distinguere al momento, specialmente per un bambino piccolo, ma se possiamo insegnare loro a valutare il loro sforzo nonostante i risultati, allora possiamo insegnare loro come essere resilienti. Saranno in grado di tornare ancora più forti dopo le battute d'arresto e non essere scoraggiati commettendo errori o soffiando completamente un progetto.

Come genitori, dobbiamo resistere ai nostri impulsi per rendere piacevole ogni momento della nostra vita. I bambini che sono regolarmente protetti dal fallimento sono in genere meno motivati a imparare e hanno difficoltà a gestire le critiche. Potrebbero interiorizzare un bisogno di perfezione, che può renderli più propensi a lottare con l'ansia o ad avere paura dei cambiamenti nella loro vita e non disposti a provare cose nuove.

Il mondo è pieno di situazioni in cui tuo figlio potrebbe fallire. In effetti, tutto ciò che fanno in un giorno ha l'opportunità di fallire. A volte mancare il bersaglio potrebbe essere colpa loro, come quando non studiano e falliscono un test, ma a volte è fuori dal loro controllo, come quando la loro squadra perde una partita perché non aveva abbastanza giocatori. Potresti essere un professionista nel lasciarli fallire in queste piccole aree, ma quando la posta in gioco diventa alta, può essere più difficile tenere la lingua.

Cosa succede se tuo figlio ha fallito ogni test che ha fatto finora a scuola? Probabilmente il cervello di tua madre si sta già illuminando con i modi per rimetterlo in carreggiata e monitorare i suoi progressi e incontrare l'insegnante. Fai un respiro. Potrebbe sembrare una crisi, ma può anche essere un'opportunità di crescita. La chiave sarebbe il motivo per cui tuo figlio sta fallendo; se lui o lei non sta capendo il materiale, questa è una cosa, ma se lui o lei non sta facendo il lavoro, questa è un'altra.

In quest'ultima situazione, puoi vedere il loro fallimento come un'opportunità per loro di capire la gravità della loro situazione da soli o imparare una lezione difficile. Se tuo figlio non è disposto a fare il lavoro necessario per passare la quarta elementare, allora come farà a trovare quella motivazione in quinta elementare se lo aiuti a spingerlo avanti? A volte permettere loro di affrontare le conseguenze delle loro azioni è il modo migliore per loro di trovare la propria strada per tornare sulla strada giusta.

Non siamo così forti, tuttavia, e molti di noi cederanno a piombare nei nostri mantelli da supereroe per salvare la situazione. Potresti chiamare l'insegnante e provare a modificare il suo voto o ottenere un nuovo test, ma cosa sta insegnando a tuo figlio. Mostra loro che non hanno bisogno di essere responsabili delle loro azioni perché se sorgono conseguenze negative, qualcuno interverrà e metterà le cose a posto. Questo si chiama "genitorialità martire" e rafforza tuo figlio che non dovrà mai combattere o difendersi da solo.

Usare i tuoi poteri da adulto per cambiare i voti o negoziare con gli insegnanti può anche mostrare a tuo figlio che l'influenza è più importante dell'essere responsabile. Imparano che se riesci a manipolare qualcuno per creare i risultati che speravi, allora non devi mai sopportare le conseguenze delle azioni negative. Queste idee possono rendere difficile per loro se portati in età adulta perché potrebbe essere difficile per loro andare lontano in un lavoro se non riescono a riconoscere i propri errori e cercano costantemente di far sì che il loro capo dia loro una seconda possibilità.

Invece, puoi spiegare le conseguenze naturali a tuo figlio per assicurarti che capiscano perché è successo. Fai sapere loro che quando non studiano per i test, falliranno e, se continuano a fallire, dovranno ripetere la quarta elementare. Puoi offrirti di aiutarli a capire i loro compiti (non facendolo per loro), in modo che sappiano di avere il tuo amore e sostegno, ma alla fine i risultati sono sulle loro spalle.

"Ma le spalle di mio figlio sono così piccole", potresti pensare. Fidati di me, lo so. La prima volta che ho usato questo strumento, penso di essere stato più arrabbiato di mio figlio per il suo gol mancato nel calcio. Avrai senza dubbio impulsi per salvare tuo figlio dal suo stesso fallimento; fa parte dell'essere un genitore. Non vuoi vedere tuo figlio lottare, ma sfortunatamente fa parte del vederlo crescere.

In questo processo, scopri quali fallimenti valgono il crepacuore e quali no. Se riesci a imparare a distinguere tra fallimento e crisi, allora sarai meglio equipaggiato per aiutare tuo figlio ad avere successo. La prima tattica che puoi usare è quella di stabilire il tuo gioco finale genitoriale: vuoi che i tuoi figli siano adulti di successo o vuoi doverli aiutare per sempre? Penso che tutti noi possiamo dire che il primo è il nostro obiettivo. Quindi, quando ti senti una madre terribile per aver lasciato che tuo figlio si trasformasse nel peggior progetto scientifico del mondo, ricorda che gli stai insegnando una lezione preziosa che contribuisce a questo gioco finale.

Tieni presente che tuo figlio è esattamente questo: un bambino. La prima volta che provano qualcosa, non sarà mai perfetto; questa è la natura della bestia. Quindi, anche se tuo figlio fa un casino completo di un lavoro la prima volta che lo fa, come allagare la cucina e poi esclamare di aver pulito i piatti, lascia che sia lui a possedere quell'esperienza. Incoraggiali a continuare a lavare i piatti e a esercitarti a bagnare meno la cucina la prossima volta.

Non dimenticare che i bambini daranno la priorità ai compiti per cui sono elogiati, quindi invece di basare i tuoi "grandi lavori" sul risultato, concentrati su quanto duramente tuo figlio ha lavorato. Questo può insegnare loro che il lavoro che va in un compito è altrettanto importante come se vincessero o perdessero. Può aiutarli a non basare la propria autostima sul fatto che abbiano ottenuto il primo posto.

Lo sport può essere una parte importante della vita di un bambino e, come genitore, potrebbe essere difficile ammettere che tuo figlio non è così bravo nel calcio o nel basket o in qualsiasi altra cosa tu abbia iscritto. Anche i raccoglitori di erba esterni e i cadetti spaziali di seconda base hanno genitori, però, e dovrebbero essere orgogliosi! I bambini stanno ancora ottenendo tutti i benefici dello sport, come l'interazione sociale e l'attività fisica, quindi prenditi un po 'di tempo libero e lascia che il gioco della palla a T sia l'arena in cui puoi essere solo un fan di tuo figlio.

Quando i bambini lottano a scuola, è istintivo schierarsi dalla loro parte e decidere che l'insegnante è il nemico. Questo potrebbe essere il peggior errore che puoi fare, però. Tieni sempre presente che gli insegnanti sono altrettanto dedicati al successo di tuo figlio quanto te, e potrebbe esserci solo un guasto alla comunicazione. Prenditi del tempo per parlare con loro e capire appieno il problema prima di decidere come procedere con tuo figlio. A volte un brutto voto è quello che è, e devono imparare da esso.

La risposta emotiva

Fallire non è divertente e non c'è modo di far pensare così a tuo figlio. Tutto quello che puoi fare è prenderti il tempo per aiutarli a capire perché hanno fallito e provare a riformulare l'esperienza come qualcosa di positivo. Se fai in modo di amare e sostenere tuo figlio anche quando fallisce, allora lo renderà più sicuro quando dovrà tentare un compito simile perché sanno che sarai lì per loro, non importa quale.

Ci sono alcune cose definitive che puoi fare per promuovere questa mentalità positiva. Chiarire che l'assunzione di rischi è un valore familiare è uno di questi. Quando tuo figlio esce su un arto per realizzare qualcosa, come partecipare a un concorso artistico in una fascia di età avanzata, celebra la sua decisione di fare qualcosa di impegnativo anche se perde.

Puoi anche insegnare ai tuoi figli che c'è un periodo di adattamento naturale in cui tutti iniziano qualcosa di nuovo. Se gli è stato assegnato un nuovo compito, puoi dire: "Non mi aspetto che tu lo faccia perfettamente, ma per favore fai del tuo meglio". Questo li prepara per gli inevitabili micro fallimenti di eseguire un nuovo compito e non prendere errori onesti come enormi difetti. Insegna anche loro che non dovrebbero arrendersi se non sono perfetti in qualcosa al primo tentativo.

A volte, tuo figlio prenderà molto sul serio il fallimento. Sembrerà che il suo intero mondo stia cadendo a pezzi, e avrai il desiderio primordiale di rendere tutto a posto. In questi casi, cerca di trovare modi costruttivi per aiutare tuo figlio a capire perché non ci sono riusciti. Puoi tornare indietro attraverso la catena di eventi e incoraggiarli a trovare dove le cose sono andate storte, in modo che la prossima volta possano regolare il loro comportamento al momento.

Dare loro una certa indipendenza può, ironicamente, essere un modo efficace per sostenerli. Questo funziona particolarmente bene con la scuola. Lascia che siano responsabili di tenere il passo con i compiti, i progetti e le scadenze, poiché queste sono tutte competenze di cui avranno bisogno nel mondo degli adulti. Assicurati di fare ancora domande sulla loro giornata e su quale argomento gli è piaciuto di più, ma lascia che prendano l'iniziativa per soddisfare le loro esigenze educative.

Considerare le parole che usiamo per descrivere il fallimento può anche aiutare a creare una mentalità più positiva sul non uscire in cima. Ad esempio, invece di dire a tuo figlio: "Hai perso la partita, ma va bene", puoi provare a dire: "Stasera hai fatto uno sforzo davvero grande e hai fatto del tuo meglio". Questo distoglie l'attenzione dall'aspetto negativo della situazione ed evidenzia le cose positive che tuo figlio ha fatto. Insegna loro a non concentrarsi sul fallimento ma a celebrare il successo di essere arrivati lì.

Sfortunatamente, a volte tuo figlio non farà un buon lavoro, chiaro e semplice. Non tutti i genitori, specialmente le madri, hanno il cuore di guardare il loro bambino negli occhi e dire loro che non si sono comportati bene. A volte è esattamente quello di cui hanno bisogno, però. Non devi essere cattivo o condiscendente, ma se potessi dire che non hanno fatto del loro meglio, puoi chiedere se pensano di aver fatto del loro meglio e lasciarli arrivare alla conclusione da soli.

Non importa quanto duramente cerchi di rimanere forte e lasciare che tuo figlio sia la sua persona, è difficile vederli fallire. Potrebbe anche influenzarti più di quanto colpisca tuo figlio come ha fatto con me. Non è nella nostra natura guardare nostro figlio cadere a terra sul suo viso e stare tranquillamente in disparte mentre si rialza. Vogliamo aiutare; vogliamo proteggere; vogliamo rendere tutto migliore. Può essere importante che i genitori affrontino le proprie emozioni sul fatto che il loro bambino non riesca a essere preparato quando arriva il momento.

La prima cosa per cui prepararsi è l'ansia che deriva dal lasciare che il bambino fallisca. La società di oggi sembra collegare il successo dei tuoi figli all'efficacia dei tuoi genitori, quindi gli effetti negativi per tuo figlio o tua figlia possono sembrare che ti stiano accadendo. Potresti sentirti imbarazzato o sconvolto come se fossi tu a fallire, ma ricorda che puoi regolare quelle emozioni e tuo figlio, a seconda di quanti anni ha, non può. Lascia che le tue emozioni siano un'opportunità per mostrare a tuo figlio come agire di fronte ai sentimenti negativi.

Può anche essere utile prendersi dei momenti per praticare l'auto-compassione. Essere madre è difficile. Non ti senti mai come se avessi fatto abbastanza, c'è sempre un bambino che urla, e in qualche modo la pila di biancheria sporca cresce ogni volta che lavi un carico. Siamo tutti coinvolti nei cicli di pensiero negativo di "Non sono abbastanza brava" o "Sto fallendo come mamma", ma questi non sono veri. Sei abbastanza. Credeteci. Fai un elenco di tutte le cose che fai per la tua famiglia durante la settimana e vedrai quanto sei apprezzato. Inizia un mantra, guarda questa lista e dì: "Sono un buon genitore" finché non ci credi sinceramente.

Lasciare che tuo figlio fallisca è una cosa, ma essere avvolto nelle loro conseguenze negative è qualcosa che puoi controllare. Potrebbe volerci un po 'di tempo per adattarsi alla mentalità che fallire va bene e non ti rende un fallimento. Insegni ai tuoi figli la stessa cosa: quando inizi qualcosa di nuovo non sarai perfetto. Quindi cerca di seguire i tuoi consigli, trova un modo per calmarti, ottenere la tua attenzione e sostenere tuo figlio attraverso il bene e il male nella vita.

I genitori sono una parte importante dello sviluppo educativo ed emotivo degli studenti. Quando ero più giovane, alle elementari un insegnante mi diceva che l'educazione iniziava a casa, senza una precedente istruzione a casa, la scuola potrebbe non andare così lontano come dovrebbe. La scuola deve integrare l'istruzione già acquisita fin dalla tenera età e continuamente da casa. Quando un bambino viene educato efficacemente a casa ed è ben istruito a scuola, il suo sviluppo può essere fenomenale e il suo potenziale può essere sfruttato al massimo.

CAPITOLO 4:

Lodateli correttamente

C'è una vista migliore al mondo che guardare il viso del tuo studente illuminarsi quando gli dici "buon lavoro" o "congratulazioni"? Non credo. Il modo in cui i loro piccoli volti si illuminano di gioia e i loro occhi si spalancano come per chiedere se intendi davvero non manca mai di scaldarmi il cuore. Rende quasi divertente lodare per gli insegnanti come lo è per gli studenti. Anche con questo afflusso di adorabilità, dobbiamo assicurarci di non elogiarli troppo spesso.

I bambini prendono la lode come un rinforzo per certi comportamenti, ma sanno anche quando lo meritano e quando no. Ad esempio, se elogiassi il mio bambino di sette anni per aver usato il bagno in bagno, probabilmente mi guarderebbe come se fossi pazzo. Questo perché sappiamo tutti che è in grado e ci si aspetta che usi il bagno come un adulto. Lo stesso vale per tutte le fasce d'età. Sanno di quali cose sono capaci, e se li lodi per i risultati di tutti i giorni, allora non lo valuteranno quando è meritato. Ecco perché questo capitolo delinea il modo e il momento giusto per lodare i tuoi studenti e come sviluppare una mentalità appropriata.

La giusta mentalità

Tutto ciò che il tuo studente fa potrebbe sembrare fantastico, specialmente quando sono giovani e imparano le cose per la prima volta. Ma se lodi ogni loro azione per tutta la vita, può ritorcersi contro. Più elogi ricevono, più si aspettano fino a quando alla fine hanno bisogno di essere elogiati per tutto ciò che fanno, e la reazione perde la sua importanza.

Quindi potresti pensare: "Ok, non esagerare. Semplice." Non così semplice. Ci sono anche modi sbagliati per lodare uno studente. (Lo so. Ho pensato che suonasse folle quando ho imparato anche io per la prima volta.). Alcuni insegnanti potrebbero inavvertitamente concentrare le loro lodi su se stessi, come dire "Penso che tu abbia fatto in modo impressionante". Questa dichiarazione dice ai tuoi studenti che approvi le loro prestazioni e può portare a comportamenti di ricerca di approvazione. Invece, puoi concentrarti sul rendere i tuoi studenti al centro delle tue lodi con affermazioni come "Scommetto che sei orgoglioso di quanto bene hai fatto!" In questo modo sanno che la loro performance è qualcosa da ammirare e hai notato il loro sforzo.

La tua mentalità fa una grande differenza quando offri elogi ai tuoi studenti. Ci sono due modi per guardare alle situazioni: con una mentalità fissa o una mentalità di crescita. Una mentalità fissa significa che credi che le tue abilità naturali siano ciò che sono e non possano essere cambiate. Ad esempio, se i tuoi studenti sono bravi nel calcio e cattivi nel baseball, crederesti che lui o lei fosse destinato a giocare a calcio. Una mentalità di crescita, tuttavia, riconosce che il duro lavoro può ripagare e sviluppare competenze più deboli. Incoraggeresti i tuoi studenti a continuare a praticare il baseball fino a quando non sono migliorati.

Impostare questo tono per i tuoi studenti può essere facile come le parole che usi per lodarli. Se lodi il risultato finale o solo le cose in cui eccellono, allora i tuoi studenti potrebbero pensare che non saranno mai bravi in altre cose con cui lottano. Se li lodi per aver lavorato su un'abilità che vogliono sviluppare, allora sapranno che hanno il potenziale per migliorare. Questo può aiutarli a sentirsi più sicuri quando affrontano nuove sfide ed essere disposti ad apprendere nuove abilità.

Una mentalità di crescita può anche rendere i tuoi studenti più ottimisti e aperti alle critiche. Questo perché capiscono il valore del duro lavoro e che non possono fare tutto da soli. Può anche rendere il tuo lavoro molto più facile come insegnante se i tuoi studenti sono entusiasti di fare cose nuove invece di temerli.

Un altro modo per promuovere questo modo di pensare è quello di assicurarsi di elogiare il modo in cui i tuoi studenti affrontano un problema. Potrebbe anche non essere stato un processo di successo, tuttavia, perché hanno pensato fuori dagli schemi per una soluzione che è un risultato. Se riesci a rafforzare questo modo di pensare, allora i tuoi studenti possono applicare la loro creatività a qualsiasi problema della loro vita. Ad esempio, se i tuoi studenti hanno trovato un dispositivo mnemonico unico per ricordare come risolvere un problema di matematica, fai loro sapere che idea intelligente è. Poi, quando avanzano a scuola e sono colpiti da materie e progetti più difficili, conosceranno trucchi per aiutare il loro cervello a contenere tutte le informazioni.

Quando lodi al momento opportuno, può anche aiutarti a modellare il comportamento del tuo studente. I tuoi studenti imparano come comportarsi in base al modo in cui reagisci alle loro azioni, quindi se ti prendi del tempo per lodare il buon comportamento, allora vedranno il modello per le loro ricompense. Concentrarsi sul comportamento positivo invece che sul comportamento negativo può aiutarti a stabilire le tue aspettative perché il tuo studente ripeterà le azioni che hanno attirato il tuo comportamento. Quindi, invece di urlare e agitarsi quando il tuo studente si comporta male, ringrazia un altro per essersi seduto in silenzio e aver aspettato il suo turno.

Alcuni comportamenti sono particolarmente desiderosi di elogiare, come le abilità sociali, la conformità e lo sforzo. Prendersi il tempo per lodare il tuo studente quando condivide con gli altri o aspetta il suo turno nel parco giochi può aiutarli a rendersi conto che questi sono modi appropriati per essere amici degli altri. Quando li ringrazi per essere rimasti fermi e aver ascoltato le tue istruzioni, allora vorranno continuare a farlo quando parli perché sanno che ti rende felice. Se stanno lavorando duramente per sviluppare una nuova abilità e tu li supporti lungo la strada, è più probabile che si impegnino per arrivare alla fine.

I nostri studenti hanno tempi di attenzione brevi, come tutti abbiamo imparato la prima volta che volevamo che si sedessero e leggessero un libro con noi. Per questo motivo, se hai intenzione di usare la lode per promuovere determinati comportamenti, assicurati di distribuire i complimenti immediatamente dopo il comportamento e spesso per rafforzare l'idea. Se aspetti troppo a lungo, i tuoi studenti dimenticheranno di quale azione stai parlando e avranno più difficoltà a discernere ciò che hanno fatto bene.

Lode in azione

Questo potrebbe sembrare molto da accettare, quindi diamo un'occhiata ai modi pratici in cui puoi elogiare i tuoi studenti al momento. La cosa più importante da ricordare è che non tutte le azioni richiedono lodi. Lascia che tuo figlio impari che è necessaria una certa quantità di sforzo per impressionarti in modo che inizi a lavorare per realizzare cose difficili. Se lodi ogni piccola cosa che fanno i tuoi studenti, allora potrebbero sentirsi come se dovessero impressionarti per ottenere affetto, il che non è vero.

Può essere difficile per gli studenti distinguere ciò che hanno fatto per guadagnare lodi, quindi se sei specifico può aumentare le tue possibilità di rafforzare un buon comportamento. Se i tuoi studenti si sono comportati bene in classe e li ringrazi per essere così bravi, non saranno in grado di individuare i comportamenti che ti hanno reso felice, quindi gli effetti non saranno così significativi.

Sono il primo ad ammettere che amo vantarmi dei miei bravi studenti. Penso che a volte lo facciamo tutti. Lavoriamo così duramente per rendere queste piccole persone, quindi quando fanno bene, vogliamo anche un piccolo elogio per i nostri sforzi (dopo tutto siamo tutti solo bambini grandi nel cuore, giusto?).

Le famiglie con genitori divorziati e sposati possono ancora affrontare problemi di comunicazione simili. A volte la mamma potrebbe non vedere il papà fino alle 18.m. quando torna a casa dal lavoro, o solo il sabato quando viene a prendere i bambini per il fine settimana. In entrambi i casi, assicurarsi che entrambi i genitori conoscano i risultati del bambino può davvero aumentare la reazione del bambino. Una cosa è avere l'approvazione della mamma, ma quando mamma e papà salgono a bordo, è come vincere una medaglia d'oro olimpica. Proprio come funziona nelle famiglie, così anche nell'istruzione, non smettere di complimentarti con i tuoi studenti quando fanno qualcosa di giusto!

Sii onesto con i tuoi studenti quando dai loro un feedback. Se fanno un lavoro scadente e poi guardano a te per le lodi, non congratularti con loro solo per salvare la loro autostima. Hanno bisogno di ascoltare un'opinione onesta in modo che possano sia migliorare il loro lavoro che imparare a prendere le critiche costruttive. Ricorda che anche il tuo linguaggio del corpo dice molto su ciò che pensi. Gli studenti possono vedere come ti posizioni e reagire se stai dicendo la verità. Quindi, quando sei eccitato, assicurati di mostrarlo in faccia e nella postura sorridendo e alzandoti in piedi alto e orgoglioso.

La lode può spesso arrivare sotto forma di incoraggiamento perché nel cuore, di solito è quello che è. Le frasi più comuni che usiamo per incoraggiare i nostri figli possono inviare il messaggio sbagliato, però. Fortunatamente, ci sono modi in cui possiamo adattare le nostre parole e il nostro messaggio per avere un effetto più positivo.

"Buon lavoro" è probabilmente la frase più usata tra i genitori... Può anche essere utilizzato dagli insegnanti. Lo usiamo come affermazione per tutto, dal fare le faccende domestiche, all'aiutare gli amici, al raggiungere la cima del parco giochi. Ma cosa significa veramente? Per gli studenti, è difficile da dire. Quindi cerca di essere il più specifico possibile quando senti l'impulso di dire "buon lavoro". prova a dire: "Buon lavoro per fare i compiti".

Altre parole popolari di incoraggiamento sono "Ce l'hai fatta!" Senza volerlo, stai lodando il risultato delle azioni del tuo studente invece dello sforzo. Cerca di sostituire questa frase con riconoscimenti di come hanno lavorato per ottenere qualsiasi cosa abbiano realizzato. "Ti sei esercitato per due settimane e hai appena superato l'esame con il punteggio più alto. Scommetto che sei orgoglioso!"

Ricordi la mentalità fissa di prima? Quando lodiamo gli studenti per abilità fisse come l'intelligenza, puoi inavvertitamente promuovere una mentalità fissa. Affermazioni come "Sei così intelligente" o "Un giorno andrai ad Harvard" trasmettono l'informazione che la loro intelligenza è la stella, non il loro lavoro. Puoi ancora congratularti con un buon voto, ma assicurati di inserire un commento su quanto duramente hanno lavorato per guadagnarlo.

CAPITOLO 5:

Abilità sociali dei bambini

Non tutti gli studenti sono così precoci. Alcuni bambini preferiscono rimanere indietro e possono sentirsi un po 'intimiditi in situazioni sociali, anche con i loro coetanei. Essere introversi va benissimo, ma devi assicurarti che i tuoi studenti non abbiano paura dell'interazione. Aiutarli a superare queste paure può aiutarli a evitare di sviluppare ansia sociale quando sono più grandi e farli sentire più a loro agio con un gruppo eterogeneo di persone. Sii consapevole di come il tuo studente si comporta in un gruppo di amici o intorno a estranei per valutare se hai bisogno di dare loro un po 'più di incoraggiamento o formazione su come relazionarsi con gli altri.

Cosa cercare

Ogni fascia d'età dei bambini ha diverse abilità sociali. Non ti aspetteresti che il tuo bambino di due anni si impegni in una conversazione con qualcuno, proprio come ti aspetteresti che il tuo bambino di sei anni sia educato quando parla con un adulto. Ci sono alcune fasi di sviluppo che i bambini attraversano che aumentano gradualmente le loro abilità quando interagiscono con gli altri. Puoi assicurarti che stiano raggiungendo i giusti traguardi mentre crescono per aiutarli a rimanere in pista per sviluppare relazioni sane e grandi abilità sociali.

I più piccoli di solito sono abbastanza grandi da cercare l'attenzione degli altri.

Man mano che il tuo studente si avvicina all'età di sei anni, imparerà e capirà le buone maniere di base, come dire per favore, grazie e scusa. Questa è l'età in cui sviluppano una comprensione più profonda del linguaggio, come ad esempio cosa sono le parolacce e perché non dovrebbero dirle.

Quando il tuo studente ha circa sette anni, dovrebbe essere in grado di entrare in empatia con altre persone ed eventi. Se vedono qualcuno che è triste, possono anche sentirsi tristi. Dovrebbero anche usare la loro postura e i loro gesti per comunicare, incorporando segnali non verbali nel loro vocabolario. Di solito sono molto più bravi a condividere, aspettare il loro turno e non incolpare gli altri per i loro errori o perdite. A questa età amano scherzare e ridere con i loro amici, essere più aperti alle opinioni degli altri e trovare piacevoli compromessi. Possono capire la differenza tra giusto e sbagliato, ma potrebbero non essere ben orientati mentre cercano di trovare il loro posto nel mondo.

Tieni presente che tutti i bambini si sviluppano a un ritmo diverso e il tuo studente può acquisire alcune di queste abilità un po 'prima o dopo gli intervalli che ho menzionato qui. Non c'è nulla di cui preoccuparsi a meno che non stiano sviluppando affatto le abilità.

Alcuni studenti non sono socievoli come altri e potrebbero preferire più tempo per se stessi leggendo libri o giocando. Questo è perfettamente normale e probabilmente indica che hai solo uno studente introverso in più. È importante distinguere tra scegliere di essere soli ed essere esclusi. Se sono soli perché hanno difficoltà a fare amicizia, allora potrebbe essere il momento di intervenire e valutare la situazione. Il tuo studente potrebbe avere difficoltà a comunicare con gli altri o a leggere i segnali sociali che gli danno indizi su come comportarsi in un gruppo.

Potresti notare che il tuo studente ha interazioni scomode con altri bambini nel parco giochi o a scuola. Tutti noi abbiamo incontri imbarazzanti di tanto in tanto, ma se questo accade costantemente, il tuo studente potrebbe perdere alcune abilità di cui ha bisogno per interagire con gli altri. Possono continuare a parlare quando l'altro bambino vuole andarsene, o non aspettare il loro turno per parlare in gruppo. Entrambe queste cose possono essere interpretate come comportamenti strani o maleducati, anche da parte dei bambini, quindi prendersi il tempo di parlare con il tuo studente può insegnare loro perché hanno difficoltà a fare amicizia.

I bambini possono anche affrontare altre sfide sociali. Alcuni bambini possono parlare troppo o non abbastanza quando si innervosiscono con le persone. Questo può rendere difficile per gli altri avere una conversazione con loro. Possono anche avere difficoltà a identificare il sarcasmo e non rendersi conto quando i bambini non vogliono stare con loro o perché. A volte possono avere difficoltà a trovare le cose giuste di cui parlare e finiscono per condividere informazioni inappropriate con gli altri, facendo sentire il gruppo a disagio. Alcuni bambini possono anche avere difficoltà a leggere i segnali facciali o il linguaggio del corpo e non essere in grado di rispondere adeguatamente ai sentimenti che l'altra persona sta trasmettendo. Se vengono presi in giro o si sforzano abbastanza nelle interazioni sociali, allora il tuo studente potrebbe persino ritirarsi dalle conversazioni e rimanere isolato in modo che lui o lei non si senta imbarazzato o confuso.

Queste sfide possono rendere difficile per gli studenti sviluppare una cerchia di amici o connettersi con la famiglia o gli insegnanti. Può farli sentire isolati o diversi da tutti gli altri, il che può indurli a rifiutarsi di chiedere aiuto o affrontare il problema. A volte, sentirsi un estraneo può creare un forte bisogno di appartenenza che hanno difficoltà a soddisfare senza aiuto.

Una varietà di fattori diversi può influenzare le abilità sociali del tuo studente. Possono avere problemi di autocontrollo che rendono difficile per loro smettere di parlare anche quando qualcuno ha finito la conversazione. Ci possono anche essere problemi di salute mentale o stress a casa che fa sentire il bambino come se avesse bisogno di cercare affetto altrove, ma non gli sono mai state mostrate le capacità per fare amicizia. Nelle comunità multiculturali, le barriere linguistiche possono essere difficili da superare per i bambini. Potrebbero non essere in grado di esprimersi in un'altra lingua e sono quindi limitati nella loro capacità di comunicare con altri bambini. Anche le difficoltà di apprendimento come l'ADHD possono influenzare la capacità di un bambino di avere una conversazione di successo.

Insegnare le abilità sociali

Se noti che il tuo studente non ha determinate abilità sociali, spiega i diversi aspetti dell'interazione sociale. Abbattere i diversi aspetti di una conversazione può aiutarli a capire cosa stanno facendo di sbagliato o perché sono a disagio. Ad esempio, se il tuo studente parla troppo, puoi insegnargli i segnali facciali e il linguaggio del corpo in modo che inizi a praticare rispettando la comunicazione non verbale. Puoi anche rivedere cose come lo spazio personale e parlare a turno, a seconda delle aree in cui il tuo studente ha bisogno di aiuto.

L'empatia è forse l'abilità sociale più importante, indipendentemente dall'età. È il modo in cui ci relazioniamo con gli altri e abbiamo relazioni significative. Per aiutare a insegnare al tuo studente l'empatia, inizia chiedendogli se può indovinare come si sentono gli altri. Questo potrebbe essere al supermercato, nel parco giochi o mentre si guarda la TV o si legge un libro. Indica le espressioni facciali delle persone in modo che il tuo studente possa imparare cosa cercare se pensa che qualcuno sia triste, arrabbiato o felice. Comprendere le emozioni dell'altra persona può rendere più facile per il tuo studente interagire con un amico.

Giocare a una conversazione di ruolo può aiutarti a mostrare al tuo studente dove si sbaglia nelle sue interazioni interpersonali. Può insegnargli ad aspettare il suo turno per parlare, ad ascoltare un'altra persona e a includere qualcuno in una conversazione. Se noti che fanno qualcosa di specificamente sbagliato quando parlano con i loro amici, allora puoi affrontare questo problema direttamente nel gioco di ruolo. Inizia la conversazione come al solito e fermati a mostrare loro perché ciò che hanno appena fatto potrebbe essere problematico. Quindi offri una soluzione su come modificare il loro comportamento per ottenere risultati migliori quando parlano con i loro amici.

Le buone maniere di base sono un altro aspetto chiave per avere una conversazione di successo. Se il tuo studente è riluttante a dire per favore e ringraziarti o a scusarsi quando ha ferito i sentimenti di qualcuno, allora sarà difficile fare amicizia. Imporre la necessità di usare queste parole a casa le renderà un'abitudine per il tuo studente quando si trova in una situazione non supervisionata. Se sai che per essere amico di qualcuno devi dire per favore e chiedere di condividere un giocattolo invece di tenergli semplicemente le mani, allora continuerai a implementarlo da solo nel tentativo di fare più amici e avere un piacevole tempo di gioco.

Uno dei modi migliori per consentire al tuo studente di praticare le proprie abilità è dare loro molte opportunità di essere sociali. Più sono esposti ad altri studenti, più è probabile che imparino le abilità necessarie da soli. Ciò è dovuto ai commenti dei loro amici, che dicono loro di essere gentili o chiedono loro di condividere. Impareranno a modellare il comportamento delle persone con cui vogliono stare. Assicurati solo di rispettare i confini sociali del tuo studente. Come accennato in precedenza, non tutti i bambini sono estroversi.

Se vuoi impiegare alcune attività regolari per aiutare il tuo studente a sviluppare le sue abilità sociali, puoi prima scegliere l'abilità che vuoi sviluppare e poi farne un gioco.

Per aiutare il tuo studente a conoscere il tono della voce, puoi registrarti mentre dici la stessa frase ma con diversi livelli di emozione. Può dirlo una volta come se fosse pazzo, triste e poi come se fosse eccitato. Chiedi al tuo studente di ascoltare le registrazioni e indovinare come si è sentito ad ogni esecuzione della frase. Puoi aggiungere un altro passo a questo gioco chiedendo loro come risponderebbero se uno dei loro amici suonasse così, il che insegna anche l'empatia.

Il tuo studente potrebbe avere difficoltà a prestare attenzione quando gli altri stanno parlando, quindi puoi giocare a un gioco in cui l'ascolto è la chiave. Può dire tre frasi, due delle quali sono correlate e una delle quali no. Quindi, il tuo studente deve scegliere la frase che non è correlata alle altre due. Questo lo aiuta a prestare attenzione quando qualcuno sta parlando e imparare ad ascoltare certe cose nella storia o le istruzioni di qualcuno.

Ci sono anche giochi che possono aiutare il bambino a mantenere il contatto visivo con gli altri, che può essere particolarmente un problema con i bambini che hanno l'ADHD o sono nello spettro autistico. Gioca a giochi stupidi in cui ti infili le cose sulla fronte, come le parole che il tuo studente deve recitare o farti indovinare. In questo modo, la loro attenzione sarà focalizzata sulla loro fronte, che non è esattamente i loro occhi ma è nella giusta direzione. Puoi persino usare un concorso di fissazione vecchio stile per praticare il contatto visivo. Guardare qualcuno negli occhi può essere intimidatorio anche per gli adulti, ma se riesci a trasformarlo in un gioco, anche il bambino più timido si divertirà a sviluppare l'abilità.

CAPITOLO 6:

Comportamenti

Comportamenti strani sono il sintomo essenziale nei disturbi dello spettro autistico, ad esempio la sindrome di Asperger. I comportamenti nell'ASD sono specifici per il disturbo e, sebbene ogni bambino sia unico per il modo in cui mostra l'autismo, alcuni comportamenti sono comuni. Alcuni di questi comportamenti interferiranno con la vita quotidiana e altri no. Alcuni possono essere controllati, mentre altri sono solo una parte del modello di comportamento di un particolare bambino.

Comportamenti ossessivo-compulsivi

Numerosi comportamenti rientrano in questa categoria, ma il disturbo ossessivo compulsivo non ha un modello coerente. Un bambino con autismo può avere comportamenti ossessivi e compulsivi, ad esempio,

- Allineare oggetti, ad esempio treni, quadrati, auto o DVD
- Apertura o chiusura di ingressi su armadi, armadi o vie verso l'esterno
- Girare intorno e intorno o passeggiare in cerchio
- Sbattere la mano o il braccio
- Dondolare il corpo avanti e indietro
- Conteggio ripetuto degli oggetti senza una ragione apparente
- Nascondere o memorizzare oggetti
- Preoccupazione per il posizionamento degli oggetti in un'area scelta

- Gesti e movimenti facciali che assomigliano alla sindrome di Tourette
- Preferenza alimentare ristretta, spesso basata su ombreggiatura o forma.

Questi comportamenti hanno due parti; il segmento iniziale è l'ossessione per i pensieri incontrollati e indesiderati. Poiché le persone con autismo non sono verbali o hanno capacità verbali limitate, è difficile sapere se tali pensieri sono presenti, in particolare nei bambini. La seconda parte si manifesta come comportamenti compulsivi, che genitori, insegnanti e professionisti possono facilmente vedere.

Poema

Alcuni esperti ritengono che la creazione di linee e l'atto di ordinare oggetti sia un tentativo da parte di un bambino con autismo di creare un senso di ordine in quello che percepisce come un mondo selvaggio e disordinato.

Si ritiene che le persone con autismo non abbiano la capacità oppressiva di separare le informazioni relative al suono ambientale. In altre parole, quando la televisione è accesa, il sistema di climatizzazione funziona, il cane abbaia e il telefono squilla nella casa del vicino, un bambino con autismo percepirà i suoni come se avessero tutti lo stesso peso.

La stessa somiglianza può applicarsi anche ad altri sensi. Il sovraccarico sensoriale è un problema comune per i bambini con autismo. È facile dedurre che questo stesso impulso di porta aperta si applicherebbe anche al contributo visivo.

In tal caso, se la parte visiva del cervello è sovraccarica, le linee sono la disposizione perfetta. Una linea è la distanza più breve tra due luci e questo la rende pulita e chiara. Le linee potrebbero non essere un comportamento compulsivo senza senso, ma un metodo per adattarsi al sovraccarico sensoriale attraverso un ordine comprensibile e naturale per il tuo studente.

Essenziale

Alcuni genitori scoraggiano la creazione di linee, con conseguente bambini frustrati e irritabili. Altri genitori permettono il comportamento, in quanto sembra ridurre lo stress e la rabbia. L'aspetto negativo della costruzione della linea è che la preoccupazione e l'assimilazione possono derivare. Se ciò accade, distoglie l'attenzione del tuo studente su altre attività.

Medicazione

I genitori di bambini con autismo sono divisi sull'uso di farmaci, in particolare per controllare il comportamento, piuttosto che per trattare convulsioni o altre condizioni mediche. Una delle classi di farmaci utilizzati per i comportamenti compulsivi dell'autismo è noto come inibitori della ricaptazione della serotonina (SSRI). Questo gruppo include Zoloft per quelli sopra i sei anni, Luxor per quelli sopra gli otto e Paxil, Serzone e Prozac per quelli sopra i 18 anni.

I farmaci SSRI utilizzati dai pazienti con autismo hanno dimostrato non solo di ridurre i comportamenti compulsivi, ma anche di aiutare con altri sintomi dell'autismo. Nel complesso, il contatto visivo migliora, l'interazione sociale diventa più facile, il campo ristretto di interesse si sviluppa e i problemi di segregazione manifestati da molti bambini con autismo diminuiscono. I capricci e la rabbia sono ulteriormente ridotti con l'uso di SSRI. Anche il sintomo essenziale di essere ritirati e preoccupati e la preoccupazione all'interno del loro mondo diminuisce, e i farmaci hanno un effetto calmante. Gli effetti collaterali includono secchezza delle fauci, un disturbo del sonno e, paradossalmente, comportamento impulsivo. Questi effetti collaterali a volte possono essere evitati iniziando con dosi molto piccole e lavorando fino a una dose che fornisce il controllo.

Questi farmaci non sono raccomandati per le persone che hanno malattie cardiache o problemi, quindi è consigliabile consultare un medico che abbia familiarità con questi farmaci. Un bambino dovrebbe avere un esame fisico completo, così come un esame del sangue e delle urine prima che venga prescritto qualsiasi farmaco. Alcuni medici, in particolare psichiatri, prescrivono farmaci senza essere sicuri che sia stato eseguito un esame fisico e un'analisi approfonditi. Come insegnante, non dovresti permettere che ciò accada.

Routine

Un modo in cui il comportamento ossessivo-compulsivo si manifesta in uno studente con autismo è attraverso la sua insistenza sulla routine. Un improvviso cambiamento nella routine quotidiana, o anche un piccolo aspetto di quella routine, può far scendere rapidamente una giornata perfettamente decente. La routine è una caratteristica significativa dell'autismo e, mentre la flessibilità può essere coltivata in una certa misura, la necessità della routine non scomparirà mai completamente. Gli studenti con autismo dipendono dalla routine per capire cosa sta succedendo, cosa ci si aspetta da loro e cosa possono aspettarsi dagli altri.

Quando i genitori di un bambino con autismo si separano o divorziano, il bambino può avere problemi di comportamento con il genitore non affidatario durante le visite. Ciò può portare a domande sulla capacità di un genitore di prendersi cura del bambino. In realtà, la colpa sta nel cambiamento della routine. Se il tuo studente è sensibile ai cambiamenti nella routine, limitare l'interruzione del cambiamento è un'idea sensata. A volte i cambiamenti improvvisi non possono essere evitati. Quando un evento imprevisto provoca un cambiamento nella routine, ad esempio, un giorno in cui a uno studente viene chiesto di fare qualcosa di diverso da quello che fa di solito. Di solito, dovrà sopportarlo; è solo una di quelle cose che tutti dovranno imparare a gestire.

Lo sbattimento è un comportamento che può essere considerato una forma di attività compulsiva. È comune in tutti i disturbi dello spettro, ma è particolarmente diffuso nell'autismo. È qualcosa che appare intorno al tempo di altri sintomi dell'autismo ed è correlato a forti azioni fisiche o attività emotiva. Flutter è un movimento rapido e ripetitivo della mano e della parte inferiore del braccio che assomiglia alle onde. Spesso è uno dei sintomi principali che i genitori notano, in quanto è un comportamento atipico nei bambini.

Domanda... Lo sbattere costante è un segno di autismo? No. Sebbene il flaring possa essere uno dei primi sintomi dell'autismo, è comune per alcuni bambini essere coinvolti in questo momento. Tuttavia, man mano che un bambino matura, lo svolazzare dovrebbe andare via. Se uno studente diciottenne, dai mesi ai due anni, continua a sbattere, è qualcosa che dovrebbe essere indagato.

Esprimere emozioni

Quando uno studente con autismo diventa emotivo, ci si aspetta che veda questa emozione manifestarsi come un battito di ciglia. Molti guarderanno un programma televisivo o un film e diventeranno così eccitati che l'emozione deve riversarsi; il risultato sarà svolazzante. Le emozioni positive, ad esempio l'eccitazione, l'euforia o il piacere assoluto, sono più comunemente associate allo svolazzare rispetto alle emozioni negative. Lo sbattere può spesso preannunciare una perdita di controllo e dovrebbe essere osservato e considerato un segno. Nella maggior parte dei casi, sbattere significa solo l'emozione a cui è collegato, ma se un'emozione diventa troppo estrema, sbattere di solito la precede. Ci sono momenti in cui un bambino che è irritato o turbato si levò. I genitori vedranno un "carattere" diverso da questo tipo di sbattimento e impareranno a riconoscere che la rabbia o l'aggressività possono accumularsi. Questo è qualcosa che nessuno, tranne l'esperienza, può insegnare. Imparare ad anticipare correttamente i comportamenti fa parte dell'educazione che può essere data a un bambino con autismo. Nel corso del tempo, diventa molto più facile farlo, quindi impara a fidarti di te stesso, dal momento che nessuno nota il tuo studente nel modo in cui lo fai tu. Lo sbattimento è anche visto nei bambini con autismo durante l'attività fisica. La maggior parte dei bambini mette le braccia fuori mentre corre. I bambini con autismo spesso non si muovono dalle braccia ma sbattono le ali mentre corrono. Questo è legato all'attività e non a una particolare emozione.

CAPITOLO 7:

Altri comportamenti ripetitivi

Flutter non è il principale comportamento ripetitivo che appare nell'autismo. Inoltre, l'autismo causa altri comportamenti che sono unici per il disturbo. Azioni come spinning, jerking, headbanging, distorsioni facciali, movimenti oculari e modelli vocali insoliti sono anche modelli di comportamento stereotipati e ripetitivi. Questi comportamenti sono diversi dai tic e da altri disturbi del movimento ripetitivo, quindi una diagnosi di autismo non può essere basata esclusivamente sulla comparsa di questi comportamenti.

Nota: le lesioni alla testa nei bambini con autismo non sono anormali. I bambini che non vengono diagnosticati come introversi dal punto di vista medico a volte colpiscono la testa quando sono giovani. Il motivo dell'headbanging non è chiaro. La cosa più importante è assicurarsi che il tuo studente non si faccia male. I comportamenti, ad esempio headbanging e distorsioni facciali, sono molto sconvolgenti per gli insegnanti. Questi sono comportamenti che indicano che un bambino ha un problema che potrebbe aver bisogno di un aiuto professionale. I professionisti del trattamento hanno opinioni diverse sul trattamento dello sbattimento e dei comportamenti correlati. La maggior parte crede che se i modelli di movimento non rispondono ai farmaci standard, nessun altro trattamento sarà efficace.

Oltre alla terapia farmacologica, il modo migliore per i genitori per gestire movimenti o comportamenti insoliti è ignorarli. Non si sa perché le persone con autismo abbiano questi comportamenti, ma sembrano soddisfare un bisogno. Interromperli causerà solo incoraggiamento, che può trasformarsi in aggressività e rabbia. Cercare di fermare questi comportamenti sarà stressante per insegnanti, genitori e bambini.

Capricci e scoppi d'ira

Inoltre, è comune per un bambino nello spettro autistico che non capisce il suo modo particolare di mostrare la sua rabbia come un disturbo o un attacco di rabbia. Quando al bambino viene impedito di avere ciò di cui ha bisogno in un momento casuale, può colpire o schiaffeggiare senza preavviso. Genitori, fratelli, insegnanti e caregiver sono obiettivi comuni per le ritorsioni. Ad esempio, se il tuo studente ha bisogno di un particolare giocattolo o di giocare con qualcosa che è stato negato, lui o lei potrebbe arrabbiarsi colpendo o rosicchiando. Non sorprende che il cane o il felino di famiglia sia il più colpito dal colpo di un bambino. Lui o lei può anche lanciare o rompere le cose, il che peggiora solo la circostanza, poiché il bambino diventa angosciato dall'oggetto rotto. Il bambino ha problemi nel supervisionare questo ciclo ripetitivo. I capricci e il turbamento possono finire con la stessa rapidità con cui sono iniziati o possono richiedere del tempo per placarsi.

Risposta all'aggressione

Quando un bambino esplode di rabbia, i genitori devono pensare e reagire rapidamente. Non è un problema che può essere analizzato e cercato di risolvere - è necessario riflettere sul problema che ha raggiunto la rabbia per la prevenzione, ma l'attacco di rabbia o disordine che stai vedendo deve essere trattato ora.

Domanda: Il mio studente è arrabbiato. Cosa devo fare?

È difficile sapere come reagire a un bambino pazzo, ma non arrabbiarti. Cerca di determinare cosa sta deludendo il tuo studente, ma se ciò non è possibile, non puoi fare altro che prevenire danni al tuo studente. Sopportatelo. Passerà. È meglio risolvere immediatamente il problema, anche se ciò significa cedere all'attacco di rabbia del tuo studente. È costantemente inaccettabile che un bambino o un adulto colpisca un'altra persona in qualsiasi condizione, in qualsiasi momento. Questa è la lezione che devi trasmettere. Sarà più facile per te insegnare al tuo studente se lui o lei capisce la causa del disturbo. Molti genitori ricorrono alla punizione se un bambino perde potere su un importante bisogno insoddisfatto, ma la circostanza probabilmente diventerà più folle se il bambino viene punito. Se il tuo studente ha perso potere per un errore di comunicazione di un bisogno urgente, è probabile che la sua delusione aumenti se viene punito e l'attacco si intensificherà. Ci sono abbastanza problemi di comunicazione senza che il tuo studente senta che lo stai rifiutando a causa dei tuoi tentativi di fargli riconoscere ciò che hai in mente.

Elopement - Lo studente in fuga

La perdita è qualcosa che praticamente tutti i genitori di bambini con autismo hanno sperimentato in un momento o nell'altro. Fuga, riguardante l'autismo, significa che il bambino scappa di casa e vaga da solo. Provoca notti insonni e nervosismo. Prenditi il tempo per guardare la tua classe come farebbe il tuo studente. Come si può prevenire la fuga?

- Metti serrature extra su tutti gli ingressi che si aprono verso l'esterno.

- Installa un sistema di sicurezza che controlli le persone che entrano ed escono.
- Acquista una cautela che terrà stretti i modi da usare quando sei lontano da casa.
- Prendi una creatura di servizio (un cane è generalmente utile per questo problema).
- Informa i vicini fidati della possibilità di fuga.
- Informare il vicino dipartimento di polizia della possibilità di fuga. .

Fusioni e disciplina

Un collasso è definito semplicemente dicendo che è una perdita assoluta di controllo del comportamento. È rumoroso, pericoloso a volte, sconcertante ed estenuante. Forse il vero inizio di crescere un bambino con autismo è il rito di passaggio di una rottura. Una volta solo un termine scientifico nella scienza dei materiali nucleari, la comunità autistica ha adottato la parola. Vedere e sperimentare un guasto rende chiaro perché si applica solo questo termine. Affrontare i crolli è come avere a che fare con un tornado: hai pochissimi avvertimenti e tutto ciò che puoi fare è resistere.

Disciplina

Gli studenti devono essere guidati al corretto metodo di comportamento. La disciplina non deve essere un'esperienza arrabbiata o negativa. Se gestito correttamente, tende ad essere positivo e impulsivo per tutti. Le cose significative da tenere a mente includono

- Il rinforzo positivo è sostanzialmente più efficace del negativo.
- Lascia che la disciplina soddisfi la gravità del comportamento inaccettabile.

- Ogni genitore dovrebbe condividere la moderazione; non dovrebbe essere l'onere esclusivo di un genitore.
- Gli insegnanti devono avere un approccio alla punizione, riconoscendo che per un bambino con autismo, è violenza. Se viene usata la punizione, dovrebbe essere quando il bambino, un'altra persona o l'animale domestico è in pericolo di essere danneggiato. L'abuso verbale e fisico non è un'alternativa.
- Gli insegnanti devono aderire ai comportamenti che devono essere disciplinati e a quelli che devono essere ignorati.

Fusioni autistiche contro capricci

Se devi spiegare un guasto a qualcuno il cui bambino non ha l'autismo, definiscilo semplicemente come un orribile attacco di rabbia e lascia il punto. È improbabile che gli scopi più sottili di una rottura vengano compresi. Ma, se menzioni la parola ai genitori che hanno figli con autismo, otterrai sguardi familiari e comprensivi. Siate certi che il vostro studente non è il solo ad avere questi episodi comportamentali unici.

Capricci

Un attacco di rabbia è di solito diretto. Un bambino non capisce il suo modo specifico e, come direbbe la nonna, "ha un attacco". Questo non è per limitare l'attacco del temperamento. Sono orribili per chiunque. I capricci hanno diverse qualità che li riconoscono dalle crisi:

- Un bambino che ha un attacco di rabbia occasionalmente cercherà di vedere se il suo comportamento sta avendo una reazione.
- Un bambino nel mezzo di una rabbia prenderà precauzioni per assicurarsi che lui o lei non si faccia male.
- Un bambino che ha un attacco cercherà di usare la circostanza sociale a suo vantaggio.

- Quando la circostanza è risolta, l'attacco di rabbia finirà all'improvviso come è iniziato.
- Un attacco di rabbia ti darà la sensazione che il bambino sia al comando, anche se lui o lei potrebbe volere che tu pensi che lui o lei non lo sia.
- Un attacco di rabbia viene lanciato per raggiungere un obiettivo specifico e, una volta raggiunto l'obiettivo, le cose tornano alla normalità.

Se l'attacco di rabbia è chiaro, il collasso è ogni forma nota di controllo, rabbia e perdita di controllo che un bambino può raccogliere. Il problema è che la mancanza di controllo supera prima il bambino. Ha bisogno che tu riconosca questo comportamento e lo controlli poiché non è in grado di farlo da bambino. Un bambino con autismo tra i guasti ha urgente bisogno di aiuto per prendere il controllo. Le qualità particolari di una ripartizione includono

- Attraverso un tracollo, un bambino con autismo non guarda, né si preoccupa, se coloro che la circondano stanno reagendo al suo comportamento.
- Un bambino in un tracollo non ha un singolo interesse o coinvolgimento nella circostanza sociale.
- Le fusioni di solito continuano proprio mentre si muovono sotto il loro potere e si riducono gradualmente.
- Un tracollo trasmette la sensazione che nessuno sia al comando.
- Un bambino tra un tracollo e l'altro non considera la sua sicurezza.
- Un tracollo di solito accade perché un bisogno specifico è stato negato, e dopo che quel punto è stato raggiunto, nulla può soddisfare il bambino fino a quando la circostanza non è finita.

A differenza dei capricci, i guasti possono rendere gli insegnanti esperti confusi, incerti su cosa fare. Quando si pensa a un attacco di rabbia, ciò che viene in mente è l'immagine esemplare di un bambino sdraiato sul pavimento con i piedi in movimento, le braccia in movimento e una tonnellata di urla. Questo non è nemmeno vicino a una crisi.

CAPITOLO 8:

Dinamiche familiari

Gli elementi della famiglia possono essere impegnativi e complessi, soprattutto quando si tratta di imparare come aiutare al meglio un bambino di nuova diagnosi con sindrome di Asperger. Un altro livello di complessità può essere aggiunto quando uno (o entrambi) genitori hanno anche Asperger. Con la diagnosi di un bambino, possono anche sorgere pensieri su come Asperger può influenzare fratelli e altri membri della famiglia. Trattare queste informazioni può essere un processo delicato per tutta la famiglia.

Genitori con Asperger

Quando il padre ha ricevuto la diagnosi di suo figlio, probabilmente ha sopportato diversi pensieri, sentimenti ed emozioni. Potrebbe essere stato difficile dare loro un senso in quel momento fino a quando non li ha risolti e processati. Man mano che imparava di più sulla sindrome di Asperger, alcuni dei suoi pensieri potrebbero aver iniziato a cristallizzarsi più chiaramente.

Applicazione della legge

Man mano che il loro bambino si sviluppa e matura, incontrerà sempre più persone a casa, a scuola, all'università e nella comunità in movimento. Può anche osservare altri che non aderiscono alle regole, sia scritte che non scritte. Possono interpretare erroneamente le "regole" o le leggi che si applicano alla loro vita o alla vita degli altri.

Comprendere il ruolo delle forze dell'ordine nella comunità e i suoi limiti dovrebbe fornire un quadro utile per lui e suo figlio.

Comprendere la giustizia

Una volta imparato, il bambino con Asperger può seguire perfettamente le regole e può diventare rapidamente di base quando gli altri infrangono le regole o le ignorano completamente. Può essere seducente quando un bambino molto piccolo corregge un adulto con punizioni, come "Questo è il tuo piatto di verdure miste, non la tua forchetta" o "Non puoi fumare qui! Ma questa tendenza può creare shock e incomprensioni man mano che il loro bambino si sviluppa. Una madre ha ricordato: "Ho cercato di spiegare al mio Michael che non ha bisogno di dire ai suoi amici quando scendono dalle altalene a scuola. Tuttavia, ciò è contrario alle regole; è molto improbabile che si facciano male. Mi ha detto con fermezza: "È mio obbligo comunale dirlo.

Aderenza senza compromessi alle regole

Determinare se segnalare o meno la non conformità può essere un'area molto confusa per molti di noi. Il bambino che "spettegola" ai suoi coetanei ogni volta che uno di loro salta giù da un'altalena può credere che lui o lei stia facendo la cosa giusta per mantenere le regole. In realtà, tuttavia, è un reato minore, e il loro costante "guardarli" rischia di farli odiare gli altri bambini. Spiegare tutto questo può essere una sfida, soprattutto se le "regole" sono state stabilite da un adulto, o se sono registrate come copia cartacea.

Nota; Prima di entrare in un ambiente che potrebbe essere nuovo e diverso per tuo figlio, è meglio rivedere le "regole" di essere lì. Ad esempio, l'etichetta cinematografica significa parlare tranquillamente, stare seduti fermi con poche eccezioni, non gettare rifiuti e rispettare coloro che ti circondano (come non prendere a calci il sedile di fronte a te). Queste regole si applicano a tutti, compresi i bambini. I bambini con Asperger possono avere un senso molto inflessibile di giustizia e ingiustizia. Cioè, il nero sarà nero e il bianco sarà bianco senza oscurità in mezzo. L'oscurità, ovviamente, esiste nella vita, ma imparare questo potrebbe essere un processo confuso per il bambino. Questo è il motivo per cui guidare un veicolo può essere problematico per alcune persone; un'attenta applicazione delle regole della strada non significa che tutti gli altri osservino le stesse regole correttamente come sembri tu. Durante la guida, tutti "schivano" regolarmente e, tecnicamente parlando, infrangono continuamente regole o leggi minori per soddisfare la propria convenienza.

Spiegare il concetto di giustizia

Comunicare il concetto di giustizia contro l'ingiustizia al proprio figlio può essere difficile, specialmente per quanto riguarda il loro comportamento e le loro azioni. Quando possibile, dovrebbero usare aneddoti del passato del loro bambino senza sembrare punitivi o accusatori. Il bambino può diventare molto difensivo sulle sue ragioni per fare qualcosa, ricordandogli che, come genitore, il bambino li ha giudicati sbagliati se questo è il caso. Ci possono anche essere stati momenti in cui parenti, vicini o cugini li hanno informati che il loro bambino aveva compiuto qualcosa che consideravano abbastanza minore da non agire. Può darsi che uno di questi casi venga divulgato anche al bambino. Rivedere questo problema nel tempo, o quando si presenta la necessità, sarà un percorso "sicuro" per il bambino per esercitarsi a sviluppare la capacità di esprimere giudizi su quelle aree nebulose.

Spiritualità

Come individuo che normalmente potrebbe essere, caratteristicamente delicato e sensibile, un bambino può anche avere una naturale sensazione di spiritualità. Questo non si riferisce all'essere severi, ma piuttosto profondi nell'avere un sincero apprezzamento per l'eccellenza in tutte le cose e in tutti coloro che lo circondano. Questi sono i bambini che sono attratti dalle piccole sottigliezze della natura.

Azienda

Vogliamo che crescano per essere individui benefici e che contribuiscono nella comunità. Come per qualsiasi cambiamento critico nella vita di tuo figlio, passare dalla scuola al lavoro può essere un momento difficile. I doni di un bambino dovrebbero essere stimolati in un momento opportuno per formarli in potenziali vocazioni. Noi, nel complesso, apprezziamo quando siamo veramente preparati per ciò che sappiamo e sappiamo fare meglio.

Conoscere gli interessi lavorativi

Di volta in volta, il bambino con il disturbo di Asperger ha passioni che gli altri respingono o schiacciano come non importanti, imbarazzanti o "fissate". Tuttavia, espandere le passioni è un'impalcatura pratica per le future aperture di lavoro. I più fortunati di noi individui non sono pagati per fare ciò che amiamo di più? Questo è il punto di partenza. Dovrebbero iniziare coltivando (e nutrendo) le passioni dei loro figli fin dall'inizio. "Gli individui considerano l'abilità. Implicita a questo punto è l'idea che se tuo figlio non è all'altezza socialmente, un'abilità straordinaria probabilmente compenserà quelle carenze. Mentre il bambino è a scuola, dovrebbe iniziare ad avere le conversazioni che avrebbe con uno qualsiasi dei suoi figli su ciò a cui dovrebbero seriamente pensare "quando cresceranno. Se il bambino non ha solo parlato di ciò che immagina di fare in futuro, allora può raccomandare di fare affidamento sulle tue percezioni delle sue qualità, talenti, abilità e passioni. Attraverso questi colloqui con il bambino, possono ottenere dettagli considerevolmente più eccezionali da lei; ricorda che alcune passioni possono essere seducenti per la stima del viso e richiedono qualche traduzione per ingannare l'intrigo genuino con cui parlano. Se il design dei numeri e il gioco dei numeri sono apprezzati da un bambino, queste abilità possono essere trasformate in contabilità o esame delle informazioni. Se un bambino trascorre ore illimitate disegnando i personaggi animati più amati, realizzando fumetti, ecc., Potrebbe avere un lavoro come artista, illustratore o artista visivo per PC in futuro? Se un bambino mangia libri ed è abile in diversi scrittori o in una varietà di materie, una vocazione come bibliotecario può essere un'opportunità. A quali titoli si appoggia in genere un bambino in termini di temperamento delle sue abilità uniche e opinioni bizzarre sui problemi?

CAPITOLO 9:

Non punire

Spesso, gli insegnanti si trovano di fronte a problemi relativi alla disciplina dei loro studenti. La maggior parte degli insegnanti è combattuta tra fornire un'adeguata disciplina ai propri studenti e punirli. Gli insegnanti spesso confondono la disciplina con la punizione. Pertanto, non è raro trovare insegnanti che rimproverano i loro studenti in nome della disciplina. Ma è questo il modo giusto per insegnare al tuo studente a comportarsi correttamente? Questo capitolo esamina in profondità come disciplinare il tuo studente. Ci sforzeremo di scoprire perché la punizione e la disciplina sono due cose diverse. Con questa analisi, sarai in una posizione migliore per guidare il tuo studente a vivere con la giusta morale senza necessariamente punirlo.

Disciplina e punizione, comprendere la differenza

Fondamentalmente, la punizione è più focalizzata sull'assicurarsi che un bambino soffra per un errore che ha commesso. In altre parole, la punizione si concentra sul far pagare a un bambino i suoi errori. Nella maggior parte dei casi, il desiderio di un insegnante di punire uno studente deriva dalle sue frustrazioni. Altre volte, viene dalla disperazione. Quando un insegnante sente di aver bisogno di inviare un messaggio chiaro al suo studente, può rivolgersi alla punizione come il suo modo ideale di insegnare una lezione al suo studente. Questo vale soprattutto per gli studenti testardi.

Per disperazione, un insegnante può sentire che non sta disciplinando correttamente il suo studente. Possono finire per presumere che il loro studente non si comporti bene perché non lo stanno picchiando. La verità è che punire il tuo studente per i suoi errori non aiuta. In realtà, fa più male che bene. Più tardi, ti pentirai di aver rimproverato i tuoi studenti perché non miglioreranno mai.

Un bambino che viene punito svilupperà spesso una mentalità negativa su se stesso. Attraverso il rimprovero, un bambino può iniziare a presumere di essere "cattivo". Nel vero senso della parola, il bambino non è cattivo, ha solo preso decisioni sbagliate. Per questo motivo, rimproverare il tuo studente non risolve il problema, lo peggiora solo perché lo influenzerà emotivamente.

Alcuni genitori sculacciano i loro figli perché pensano che la punizione li farà ascoltare. Tuttavia, questa non è sempre la soluzione. Sculacciare il bambino ha l'effetto opposto a quello che si aspettano. La stessa cosa potrebbe accadere con un insegnante al momento della punizione. Potresti pensare di aiutare il tuo studente, ma non lo sei. Questo perché hai solo ferito emotivamente il tuo studente. A lungo termine, non c'è una buona lezione che hai insegnato loro sull'errore che hanno commesso.

I genitori che picchiano i loro figli non diranno loro automaticamente cosa hanno fatto di sbagliato. Allo stesso modo, non sapranno come comportarsi la prossima volta. Quindi, la prossima volta, tuo figlio farà solo quello che può fare per evitare di essere rimproverato.

L'insegnante dovrebbe, invece di sottolineare gli errori con parole cattive, guidare lo studente sulla strada e sul comportamento giusti.

Naturalmente, non disciplinare i tuoi studenti usando i modi giusti può avere un impatto negativo sulla loro istruzione. Tuttavia, la punizione non è una strategia ideale. Un buon approccio è quello di assicurarsi di essere fermi e che ti piace disciplinare i tuoi studenti senza instillare in loro la paura di essere rimproverati.

Alcuni genitori preferiscono usare punizioni corporali perché nient'altro sembra funzionare. Tuttavia, la realtà è che colpire non funziona neanche. Se punire tuo figlio era il modo migliore per disciplinarlo, allora non commetterà mai gli stessi errori che ha fatto. Un modo ideale per essere genitori è quello di essere coerenti con ciò che insegni a tuo figlio. Come te, come insegnante, devi essere in grado di far fronte alla punizione c alla correzione, in modo che al di là di un trauma, sia una buona cosa.

Un modo pratico per disciplinare i tuoi studenti è dare loro conseguenze realistiche. Ad esempio, quando gli studenti commettono errori, fai loro sapere che porterai via la ricreazione, il divertimento con gli amici e altri dispositivi digitali per una settimana o giù di lì. Il punto è che toglierai alcuni dei privilegi di cui godono.

Altre volte, gli insegnanti non si rendono conto che i loro studenti hanno problemi di apprendimento o comportamentali. Gli insegnanti devono capire che ci sono altri modi per infondere disciplina. Ad esempio, potrebbe essere necessario uno specialista per aiutare i propri studenti a comportarsi in modo appropriato.

Uno dei maggiori problemi con la punizione è che non insegna ai tuoi studenti come comportarsi. Spesso, punire il tuo studente non insegna loro cosa fare invece. Sì, potrebbero aver commesso un grosso errore, ma rimproverarli non è il modo migliore per dire loro cosa fare. Inoltre, uno studente sarà confuso su come le persone dovrebbero reagire a coloro che li feriscono. Nel corso del tempo, il tuo studente avrà l'impressione che usare la forza fisica sia il modo migliore per convincere le persone a comportarsi di conseguenza.

Inoltre, rimproverare i tuoi studenti dà loro l'impressione che non possano controllarsi. Ciò che imparano da questo è che dipendono dai loro genitori per ottenere il controllo delle loro vite. L'aggressività può anche svilupparsi in un bambino, poiché lui o lei vorrà tornare da te per quello che gli hai fatto.

La disciplina è molto diversa dalla punizione. La disciplina aiuta il tuo studente a capire come risolvere i suoi problemi, gestire il suo comportamento e affrontare le sue emozioni, ecc. Ci sono diversi modi per disciplinare tuo figlio. Ad esempio, puoi negare a tuo figlio i privilegi comuni a cui è abituato o usare il suo tempo libero.

Uno dei principali vantaggi della disciplina è che è proattiva piuttosto che reattiva. Come tale, se fatto correttamente, un bambino può stare lontano da problemi comportamentali mentre fa del suo meglio per imparare dai suoi errori.

La disciplina non riguarda nemmeno la vergogna degli studenti per i loro comportamenti. Si concentra sul tentativo di aiutare i tuoi studenti a capire che determinati comportamenti non sono accettabili. La cosa più importante per un bambino è assicurarsi che si senta bene con se stesso. A lungo termine, questo li influenzerà a fare le scelte giuste. Soprattutto, avranno fiducia nelle loro capacità di gestire efficacemente i loro comportamenti.

Esiste una vasta gamma di strategie disciplinari che i genitori possono adottare. Un genitore deve determinare la giusta forma di strategia disciplinare che funzionerà per il proprio studente. Dovrai considerare se i livelli di temperamento di tuo figlio funzioneranno con la strategia disciplinare che scegli.

La prima categoria è quella che viene chiamata disciplina positiva. Come suggerisce il nome, la disciplina positiva si concentra sull'incoraggiare e lodare il tuo studente. In questo caso, i genitori non si concentrano sulla punizione, ma insegnano ai loro studenti la disciplina. Qui, l'attenzione si concentra sul garantire che il bambino sviluppi capacità di risoluzione dei problemi che possono utilizzare per trovare soluzioni ai loro problemi.

Ad esempio, prendiamo l'esempio ordinario di uno studente di sette anni che si rifiuta di fare i compiti. Invece dell'insegnante che costringe il bambino a fare i compiti, sceglie di parlare educatamente con il suo studente dell'importanza di completare i compiti in tempo. Pertanto, un insegnante chiederà allo studente: "Cosa possiamo fare per assicurarci che i compiti siano completati in tempo e mostrare ai tuoi genitori che hai fatto un buon lavoro?

In effetti, farlo più spesso instillerà disciplina nel tuo studente sul completamento dei compiti in tempo. La prossima volta, il tuo studente vorrà mostrarti che lui o lei ha completato il suo lavoro in tempo in modo che sia tu che il loro insegnante siate felici. Quando il tuo studente lo fa, assicurati di lodarlo per i suoi sforzi.

Un'altra forma di strategia disciplinare è la disciplina gentile. Questa forma di disciplina cerca di prevenire i problemi. Per questo motivo, la nozione di reindirizzamento viene utilizzata per guidare i bambini lontano da comportamenti indesiderati. Usando questa tecnica, i bambini ricevono conseguenze dirette per le loro azioni. Tuttavia, si presta attenzione a garantire che il bambino non sia imbarazzato dalle sue malefatte. Gli insegnanti, quindi, faranno buon uso della distrazione e dell'umorismo. Fondamentalmente, la disciplina delicata offre ai genitori l'opportunità di aiutare i bambini a gestire le loro emozioni.

Ad esempio, usando lo stesso esempio di un bambino di sette anni che si rifiuta di completare i compiti, un insegnante prenderà in giro il suo studente dicendo: "Penso che i tuoi genitori ti puniranno se non completi questo compito stasera. Il bambino vorrà impedire che questa conseguenza si verifichi. Pertanto, la sua mossa migliore sarebbe quella di completare l'incarico.

La disciplina basata sui limiti è un'altra potente tattica di cui gli insegnanti dovrebbero essere consapevoli. Essenzialmente, questa tattica disciplinare ruota attorno alla definizione di limiti e alla garanzia che le regole siano chiare per il tuo studente. Dopodiché, il tuo studente deve essere consapevole delle opzioni disponibili e delle conseguenze che potrebbe affrontare se si comporta male.

Se un insegnante cerca di assicurarsi che i compiti siano completati in tempo, informerà il tuo studente: "Non userai i tuoi dispositivi elettronici oggi se non completi i compiti. Il bambino vorrà assicurarsi che i suoi compiti non interferiscano con la sua fonte di intrattenimento. Pertanto, non hanno altra scelta che cercare di fare il loro lavoro in tempo.

La strategia disciplinare della modifica del comportamento comporta la concentrazione sul comportamento di uno studente. Le ripercussioni positive e negative del comportamento di uno studente dovranno essere prese in considerazione. Quando uno studente si comporta correttamente, viene elogiato o addirittura ricompensato. Al contrario, quando si comportano male, un genitore può scegliere di ignorarli. Allo stesso modo, un insegnante può scegliere di negare al suo studente alcuni privilegi.

L'aspetto di ignorare il tuo studente non deve essere confuso con l'ignorare completamente il suo comportamento. Ignorare significa semplicemente che stai fingendo di non prestare attenzione in un modo che invia un messaggio chiaro al tuo studente sul suo comportamento scorretto. Questo è meglio applicato agli studenti con comportamenti di ricerca dell'attenzione. Ignorandoli, li stai indirettamente informando che il loro comportamento di ricerca dell'attenzione non funzionerà.

Perché pensi che ignorare il tuo studente funzioni? Di solito, un bambino farà di tutto per attirare la tua attenzione. Quando non dai loro l'attenzione di cui hanno bisogno, vorranno agire in modi che otterranno loro un'attenzione negativa. Ignorando tali comportamenti di ricerca dell'attenzione, stai mostrando al tuo studente che urlare, mendicare o lamentarsi non funzionerà. Puoi anche sfruttare al meglio l'ignoranza selettiva. È qui che sei selettivo su determinati tratti sociali. Ad esempio, se il tuo studente mostra i suoi sentimenti calpestando o urlando. Ignorarli può insegnare loro una buona lezione. Capiranno che il modo migliore per attirare la loro attenzione è esprimersi a parole.

È imperativo che tu capisca appieno come ignorare il tuo studente quando si tratta di comportamenti come piagnucolare, urlare, chiedere l'elemosina o persino imprecare. Una volta notato che c'è qualche miglioramento, dovresti impegnarti nuovamente con loro. Non ignorarli completamente. L'idea è di fermare certi comportamenti che non puoi tollerare. Dovresti impegnarti nuovamente con il tuo studente lodandolo. Ad esempio, dopo che si sono calmati, puoi dire: "Oh, sei un bravo studente e mi fido di te". Queste tattiche di re-engagement rafforzano l'importanza di esprimersi senza permettere alle tue emozioni di avere la meglio su di esse.

Infine, la strategia disciplinare dell'allenamento emotivo consiste nell'insegnare al tuo studente i suoi sentimenti e come affrontarli. Questa è una strategia importante perché assicura che il tuo studente capisca come esprimere i suoi sentimenti verbalmente invece di agire su di essi. Ad esempio, se il tuo bambino di sette anni si rifiuta di fare i compiti, puoi aiutarlo a gestire le sue emozioni dicendo: "So che ti senti triste perché hai un lavoro da fare oggi e non sarai in grado di uscire con i tuoi amici. A volte la matematica può essere una sfida e può frustrarti quando non hai le risposte giuste. Proviamo a insegnarci alcune formule che possono aiutarti a trovare il tuo compito facile da affrontare.

Naturalmente, il tuo studente capirà che lui o lei non è solo preoccupato di fare i compiti, ma anche delle sue emozioni. A seconda di come si sente, si aprirà a te. Questa potrebbe essere l'occasione perfetta per motivarli sull'importanza di prestare attenzione in classe.

Elementi fondamentali di una disciplina efficace

C'è molto a cui pensare quando si disciplina il tuo studente. Come puoi essere sicuro di guidarli nella giusta direzione? Per capire questo, esaminiamo i componenti che compongono una disciplina sana.

Gli insegnanti devono rendersi conto che la disciplina non è solo negare ai loro studenti i loro privilegi e dare loro del tempo libero. La realtà è che se le tue tattiche disciplinari si concentrano sulle conseguenze negative, allora la tua strategia non sarà efficace. Una sana disciplina, quindi, deve includere i seguenti elementi.

Se hai una relazione instabile con il tuo studente, ci sono buone probabilità che la disciplina non funzioni. Questo perché il tuo studente vorrà ascoltarti quando lo rispetti e senti che lo rispetti anche tu. Pertanto, devi lavorare sulla costruzione di una relazione sana con il tuo studente prima di cercare di infondere disciplina.

Potresti voler sostenere che la disciplina consiste nel garantire che il tuo studente si comporti bene. In effetti, questo è uno dei motivi per cui dovresti disciplinare i tuoi studenti. Tuttavia, non è l'unica ragione. Gli insegnanti devono pensare fuori dagli schemi e rendersi conto che disciplinare i loro studenti è più che correggere un cattivo comportamento. Il modo migliore per disciplinare i tuoi studenti è insegnare loro. Non concentrarti solo su cosa non fare. Assicurati di insegnare loro cosa fare anche loro in modo che non ripetano lo stesso errore. Pertanto, invece di concentrarti sul dire al tuo studente di non combattere con gli altri, assicurati di investire nella formazione per risolvere i conflitti pacificamente.

Se neghi al tuo studente alcuni privilegi ogni volta che non fa i compiti, probabilmente non smetterà di farlo. Un certo tipo di strategia disciplinare deve essere applicato in modo coerente. Ciò creerà una situazione in cui lo studente vorrà evitare le conseguenze associate al suo comportamento.

A volte gli insegnanti commettono l'errore di rimproverare i loro studenti per il loro comportamento quando non c'erano. Sfortunatamente, questo non aiuta mai uno studente in alcun modo. Questo perché uno studente non collegherà i punti che vengono puniti per un particolare errore. Lo stesso caso si applica alla disciplina dei tuoi studenti. Le discipline devono avere conseguenze immediate. Ad esempio, dovresti negare al tuo studente alcuni privilegi dopo che lui o lei ha mentito sul fare i compiti.

In effetti, ci sono casi in cui potresti non scoprire che il tuo studente ha commesso un errore abbastanza presto. In questi casi, è possibile applicare conseguenze tardive. Tuttavia, devi assicurarti che il tuo studente capisca perché non può accedere a determinati privilegi.

Soprattutto, le conseguenze che il tuo studente deve affrontare per i suoi errori devono essere abbastanza giuste. Non ha senso per te impedire al tuo studente di andare in pausa per un mese intero per non aver completato i compiti in tempo. O portare via i loro smartphone per un errore simile. Il tuo studente lo percepirà come ingiusto.

Con questi componenti di base di una disciplina efficace, sarà facile per te determinare se stai disciplinando il tuo studente nel modo giusto. Inoltre, i suggerimenti di cui sopra dovrebbero guidarti nella costruzione di una forte relazione con il tuo studente e assicurarti di capire perché lo stai disciplinando.

Chiaramente, ci sono molte cose da considerare quando si disciplina il proprio studente. Gli studi hanno dimostrato che la punizione e la disciplina sono due cose diverse. Pertanto, i genitori devono distinguere se stanno disciplinando i loro studenti o sottoponendoli a punizioni corporali. La verità è che la disciplina è uno strumento di apprendimento. Al contrario, la punizione non aiuta a garantire che il tuo studente rimanga lontano da cattivi comportamenti. La cosa peggiore è che la punizione rovina solo il buon rapporto che hai con il tuo studente. Avranno paura di essere rimproverati invece di sapere come comportarsi. Pertanto, se ti sei aggrappato alla vecchia regola di punire gli studenti, è tempo di cambiare il tuo atteggiamento al riguardo, poiché non è utile.

CAPITOLO 10:

Impara a viverli insieme

Education for kids Institute è un ottimo posto per conoscere diversi aspetti della vita. Offriamo una varietà di lezioni che possono aiutare i bambini a imparare a vivere nel mondo che li circonda.

L'arte di vivere

Fatti conoscere il mondo della pittura e del disegno con un'introduzione a oli, acrilici e acquerelli. Avviare un album da disegno è uno dei primi passi per diventare un vero artista.

Come essere un ambientalista

Questa classe esplora i concetti di riciclaggio e ambientalismo. Scopri l'importanza di ridurre, riutilizzare e riciclare. Non è così complicato come si potrebbe pensare! (Sviluppato in collaborazione con earth day)

Note ecologiche per bambini

Uno degli aspetti più importanti che possiamo insegnare ai nostri studenti è come trattiamo questo pianeta che chiamiamo casa. Invece di aspettare Utopia, perché non insegnarglielo ora? Se vuoi diventare uno scienziato o un ingegnere di successo, devi essere in grado di pensare in modo critico ai problemi per sviluppare soluzioni. Comprendere l'ecologia ti aiuterà a farlo. (Sviluppato in associazione con la Giornata della Terra)

Creatività per i bambini

I bambini sono creatori naturali. Anche fin dalla tenera età, hanno la loro immaginazione, e questi possono essere utilizzati in lezioni d'arte insegnate presso l'istituto di educazione per bambini. Abbiamo attività in cui gli studenti si esercitano a disegnare e disegnare, ma anche a creare le proprie storie e disegni usando argilla o altri mezzi.

Offriamo una varietà di attività a cui i tuoi studenti possono partecipare. Queste attività includono viaggi organizzati in cui gli studenti sono in grado di sperimentare le cose speciali che solo poche città hanno. I nostri viaggi li condurranno attraverso la città, mostrando loro luoghi storici e portandoli in visite guidate in altre aree della città.

Una volta che il tuo studente è stato esposto al suo nuovo ambiente, puoi partecipare a qualsiasi attività che vorrebbe (entro limiti ragionevoli). Queste attività includono pranzi di gruppo in ristoranti locali ed eventi spontanei.

Comprendiamo quanto sia importante imparare perché facciamo le cose. Ad esempio, perché è importante che gli studenti arrivino in tempo per le lezioni? Gli studenti che incontrano un bambino in ritardo possono sentirsi esclusi o meno apprezzati dai loro coetanei. L'educazione per i bambini incoraggia che ogni studente arrivi in tempo in modo che possano imparare perché dovrebbero essere puntuali in futuro.

A Education for kids, volevamo aiutare gli studenti a imparare come imparare meglio. Abbiamo introdotto il programma Learn to Live Together, che consente agli studenti di esplorare idee e concetti in un ambiente pratico.

Diversi workshop aiutano gli studenti a imparare a vivere insieme con uno scopo. Un esempio è il Workshop Habitations, che insegna agli studenti come trovare i propri spazi e creare habitat confortevoli lì. Altri workshop consentono agli studenti di progettare e fabbricare nuovi habitat.

Tutti i bambini sanno quanto sia facile rovinare le cose. Ecco perché permettiamo ai bambini di diventare creativi inventando i propri habitat per altre creature (vita vegetale, pesci, ecc.) sotto la guida di un progettista di habitat certificato.

PACE tiene una varietà di programmi ed eventi per studenti e professionisti. Che si tratti di ospitare fiere della carriera, workshop STEM e tour NCAA, facciamo del nostro meglio per offrire ai nostri membri grandi opportunità.

I nostri programmi sono progettati per soddisfare le esigenze degli studenti delle scuole superiori, delle loro famiglie e di quelli all'interno della comunità. Incoraggiamo i college e le università a inviare rappresentanti dei loro programmi per parlare con i membri dell'APCE. Inoltre, siamo disponibili per aiutare i membri a connettersi tra loro attraverso eventi di networking.

L'Istituto PACE si sforza di fare la differenza nella vita di ogni membro che entra dalle nostre porte. Offriamo opportunità di arricchimento sia per gli studenti che per i professionisti che promuovono l'apprendimento permanente. Il nostro successo si basa sul potere delle persone che ci supportano unendoci in un'unica organizzazione.

CAPITOLO 11:

Ama i bambini in modo efficace

Gli studenti sono il futuro del nostro mondo. Insegnare loro in modo efficace è importante, ma è qualcosa che molte persone non considerano. Mentre gli insegnanti si concentrano comprensibilmente sull'insegnamento di materie accademiche, devono considerare come i loro studenti imparano meglio.

Prima di decidere le strategie di insegnamento, è importante comprendere gli stili di apprendimento e i punti di forza dei tuoi studenti. Sono studenti visivi? Rispondono bene all'apprendimento pratico? Gli studenti uditivi sono in grado di imparare attraverso la lettura e la scrittura? È anche importante capire cosa motiva i tuoi studenti - e questo significa guardare più da vicino a come sono stati cresciuti.

Quando si selezionano le strategie di insegnamento, è anche importante considerare la sicurezza. Insegnare correttamente agli studenti è importante, ma può anche essere pericoloso. Il primo passo per fornire un ambiente in cui i tuoi studenti possano imparare è creare un ambiente privo di distrazioni, come televisori e telefoni cellulari.

Altri fattori importanti da considerare quando si selezionano le strategie di insegnamento per ruotare attorno al rinforzo e alla responsabilità. Vuoi assicurarti che i tuoi studenti capiscano perché hai fatto qualcosa in un modo particolare, quindi prenditi il tempo per rafforzare il comportamento giusto fin dall'inizio. La responsabilità è anche necessaria affinché gli studenti ricevano il beneficio del tuo insegnamento. Con un adeguato rinforzo e responsabilità, gli studenti impareranno in modo più efficace.

Regole d'oro per coinvolgere gli studenti nelle attività di apprendimento

Le seguenti regole d'oro possono aiutarti a coinvolgere i bambini in attività di apprendimento. Non sono regole rigide, ma piuttosto linee guida che puoi modificare in base alle tue conoscenze o esperienze con gli studenti e ai loro stili di apprendimento:

I tuoi studenti sono più motivati dai loro successi che dai loro fallimenti. Ricorda loro i loro successi quando possibile (ad esempio, premia il comportamento positivo). I tuoi studenti hanno la possibilità di conservare le informazioni a meno che non ci sia un cartellino del prezzo (cioè, non mettere in discussione ogni dettaglio). I tuoi studenti preferiscono meno struttura a più struttura (cioè, consentono la libertà entro i limiti di regole chiare).

Insegna agli studenti in modo efficace Ogni bambino merita di avere successo a scuola e nella vita. Un insegnamento efficace consente agli studenti di avere successo e le ricompense possono essere enormi. I video corsi accademici online della Children's Learning Academy sono progettati per aiutare gli insegnanti a coinvolgere efficacemente gli studenti in attività di apprendimento. L'Accademia ha una raccolta di strategie comprovate che possono sfruttare la tecnologia in classe per supportare il coinvolgimento degli studenti, migliorare la qualità dell'istruzione e migliorare il successo degli studenti.

L'Education for Kids Learning Academy offre un Centro risorse per insegnanti che fornisce ai genitori informazioni dettagliate sul curriculum e sui compiti dei loro figli.

Tutti gli studenti meritano di avere successo a scuola e nella vita. Un insegnamento efficace consente agli studenti di avere successo e le ricompense possono essere enormi. I video corsi accademici online di Education for Kids Learning Academy sono progettati per aiutare gli insegnanti a coinvolgere efficacemente gli studenti in attività di apprendimento. L'Accademia ha una raccolta di strategie comprovate che possono sfruttare la tecnologia in classe per supportare il coinvolgimento degli studenti, migliorare la qualità dell'istruzione e migliorare il successo degli studenti.

CAPITOLO 12:

Cos'è la terapia cognitivo-comportamentale?

La terapia cognitivo-comportamentale è una forma di psicoterapia e terapia dei discorsi. Si concentra sull'insegnare alle persone di qualsiasi età come affrontare le loro emozioni, pensieri e cambiare i comportamenti.

A cosa serve la CBT?

La CBT viene utilizzata con bambini, adolescenti e adulti per mostrare loro come cambiare i modelli di pensiero negativo, avere una visione più positiva di se stessi e del mondo che li circonda e mostrare loro come i loro pensieri, emozioni e comportamenti sono collegati.

Insieme, il terapeuta e il bambino, creano obiettivi specifici che forniranno al bambino strumenti per gestire le proprie emozioni, avere pensieri più positivi e controllare i propri comportamenti.

Chi può beneficiare della CBT?

La CBT può essere molto utile per molti bambini che lottano con varie forme di problemi comportamentali come il controllo degli impulsi. Può anche consentire a coloro che potrebbero essere in ritardo nelle loro capacità di apprendimento o di sviluppo. I bambini che hanno difficoltà di apprendimento o sfide soffriranno di più di bassa autostima, pensieri negativi e controllo emotivo.

La CBT può aiutare i bambini a far fronte al modo in cui vengono trattati dagli altri a causa delle loro differenze. Permette loro di apprendere abilità che daranno loro fiducia e controllo.

Con cosa può aiutare la CBT?

La CBT può aiutare i bambini che soffrono di:

- Ansia
- Depressione
- Stress
- Rabbia
- Trauma
- ADHD

Come è strutturato un percorso cognitivo comportamentale

Ottenere al tuo studente l'aiuto di cui ha bisogno potrebbe richiedere di rispondere a un gran numero di domande. Sebbene la valutazione del tuo studente per la CBT possa richiedere del tempo, è fondamentale capire che le informazioni ottenute aiuteranno te e il tuo studente a scoprire il problema principale. Una volta identificato il problema, puoi impostare obiettivi e creare un piano d'azione per aiutare il tuo studente a superare il problema.

Quali sono le difficoltà del tuo studente?

Il tuo studente sarà sottoposto a una serie di valutazioni per determinare dove e con cosa specificamente sta lottando. Queste valutazioni non sono intrusive e includono principalmente alcune domande diverse a cui il tuo studente, tu, i tuoi genitori e altre persone coinvolte nella vita del tuo studente possono rispondere. La domanda che poni ti aiuterà a scoprire i problemi e ad affrontare i trigger, la cronologia e i fattori aggiuntivi che impediscono al problema di verificarsi.

Valutazione del dialogo

Una valutazione iniziale inizierà con il terapeuta che parla con te e il tuo studente. Durante questo periodo, il terapeuta farà una serie di domande per scoprire il problema principale con cui il tuo studente potrebbe essere alle prese. Queste domande di solito ruotano attorno a

- Quali sono i pensieri interiori del bambino.
- Quali comportamenti mostra il bambino.
- Come il bambino si sente su se stesso, le persone che lo circondano e come vede il mondo o una situazione specifica.
- Quando è iniziato il problema.
- Quanto è intenso il problema quando si verifica.

Questo dialogo iniziale dà al terapeuta un'idea generale se il tuo studente è un buon candidato per la CBT e discuterà con te le fasi del processo.

Provare

Vari test vengono eseguiti per aiutare a scoprire eventuali condizioni di base che il bambino può avere. I test possono concentrarsi su

- La salute generale del tuo studente
- Le tue capacità motorie
- Quanto bene leggono e scrivono
- Il livello di apprendimento che hanno e se è al livello appropriato per la loro età (possono contare fino a dieci, identificare le lettere dell'alfabeto, conoscere le parole della vista, ecc.)
- Abilità sociali

- La tua dinamica familiare
- Regolazione emotiva o livello di comprensione delle emozioni

Questi test vengono eseguiti in un ambiente neutro in cui il bambino non sentirà la pressione di eseguirli.

Questionari per insegnanti

Gli insegnanti riceveranno un questionario che darà al terapeuta o al team di terapisti una panoramica di eventuali preoccupazioni che potrebbero avere. Mentre questi questionari possono essere estesi e coprire una serie di preoccupazioni che affrontano i pensieri, le emozioni e i comportamenti del tuo studente, l'obiettivo generale è definire chiaramente quali sono le principali preoccupazioni. Ti chiederanno di farlo:

- Identifica le tue preoccupazioni o le difficoltà che stai avendo con il tuo studente o nota che il tuo studente sta avendo.
- Scopri eventuali collegamenti tra il problema e i fattori della situazione. Ci sono questioni, come le regole imposte al bambino che non possono essere seguite o le convinzioni che il bambino può avere che devono essere affrontate?
- Quali sono i legami tra le emozioni, i pensieri o i comportamenti del tuo studente in una determinata situazione?
- Ci sono alcune persone, luoghi o fattori ambientali che contribuiscono al problema?
- Cosa aiuta a risolvere il problema?
- Cosa peggiora il problema?
- Qual è la storia del problema? Da quanto tempo va avanti?
- Quando è iniziato il comportamento?
- Come è progredito il problema da quando l'hai notato per la prima volta? È diventato più frequente? Più intenso?

- C'è qualche storia del problema che ha predisposto il bambino, come la storia familiare, i problemi a scuola? C'è qualcosa che potrebbe aver innescato il problema in primo luogo?
- Cosa causa il persistere del problema?
- Con chi interagisce di più il tuo studente?
- In che modo le altre persone nella vita del tuo studente affrontano il problema?
- Quali punti di forza ha il tuo studente?
- Quali sono i punti di forza della tua famiglia?
- Quali punti di forza offre la scuola e tu al tuo studente?
- Quanto è motivato il tuo studente a cambiare il problema?
- Quanto sostegno può dare la famiglia per aiutare a cambiare il problema?
- In che modo la scuola del tuo studente può supportare la modifica del problema?
- Quale altro supporto hai per aiutare ad affrontare e cambiare il problema?
- Cosa hai provato in passato per aiutare a risolvere questo problema?
- Perché tu e il tuo studente pensate che il problema non sia stato risolto in passato?
- Cosa pensi tu e il tuo studente possa aiutare a risolvere questo problema ora?

Potresti avere più di una preoccupazione o problema che vorresti che ti aiutassi a risolvere. Vorrai rispondere a ciascuna di queste domande per ciascuno dei problemi. Le domande aggiuntive che puoi aspettarti coprono la tua gravidanza e lo sviluppo del tuo studente.

Se il tuo studente frequenta la scuola, puoi compilare un semplice questionario che identificherà i problemi che il tuo studente potrebbe avere. Risponderai alle domande per valutare meglio le abilità sociali del tuo studente, i risultati scolastici e la capacità di seguire le indicazioni e completare un compito. La tua valutazione può anche scoprire problemi che il tuo studente potrebbe avere con la transizione, la comprensione del materiale o difficoltà di apprendimento e problemi comportamentali che non sono presenti nell'ambiente domestico.

Alcune di queste domande possono includere:

- Il bambino sembra felice?
- Gioca in modo appropriato con i suoi coetanei?
- Il bambino ha una comprensione del materiale adatto all'età?
- Il bambino fatica a stare fermo?
- Il bambino sembra ansioso? In caso affermativo, quando viene visualizzato?

Spesso voi insegnanti ricevete questionari specifici che affrontano quale potrebbe essere il problema principale. Ad esempio, se il genitore sospetta che suo figlio abbia l'ADHD, riceverai un questionario fortemente orientato alla conferma della diagnosi. Se lo studente ha ansia, il questionario si concentrerà maggiormente sulla comprensione di ciò che scatena l'ansia durante il giorno.

Una volta che il questionario e le valutazioni generali sono stati completati e rivisti, inizierà ad affrontare i problemi principali che sono stati scoperti. Spesso ci sono aree specifiche in cui il tuo studente avrà bisogno di aiuto. Le aree che lo studente potrebbe aver bisogno di aiuto per la gestione includono

- Pensiero autodistruttivo
- Controllo degli impulsi
- Sfida
- Le esplosioni emotive o i capricci

- Compiacimento negativo
- Autocontrollo

Il tuo studente potrebbe anche aver bisogno di aiuto per imparare nuovi meccanismi di coping, capacità di risoluzione dei problemi o come migliorare la sua immagine di sé.

Stabilire obiettivi

TCC è orientato agli obiettivi. Se la CBT del tuo studente è approvata, il terapeuta lavorerà con te e il tuo studente per impostare un obiettivo specifico per superare o cambiare il problema. Nel fissare l'obiettivo, lo considererai:

1. Qual è il problema principale del tuo studente?
2. In che modo la risoluzione di questo problema influenzerebbe il tuo studente e le altre persone coinvolte nella sua vita?
3. Tu e il tuo studente potete essere d'accordo sull'obiettivo?

L'obiettivo fissato sarà specifico e affronterà un problema alla volta. Questo obiettivo avrà un lasso di tempo misurabile, il che significa che può essere raggiunto in un tempo realistico e breve. L'obiettivo concordato sarà quello che il bambino può raggiungere. A volte, gli obiettivi a brevissimo termine saranno impostati per costruire la fiducia del bambino in modo che lui o lei impari rapidamente che lui o lei ha il potere di cambiare il suo comportamento, pensieri e / o ottenere il controllo sulle sue emozioni.

Raggiungere gli obiettivi

Una volta che un obiettivo è stato impostato, verrà creato un piano d'azione per il tuo studente per muoversi rapidamente verso il raggiungimento di questo obiettivo. Puoi aiutare a stabilire gli obiettivi seguendo questi semplici passaggi:

1. Qual è l'obiettivo?

Per iniziare, vuoi avere un obiettivo chiaramente definito. Questo è un semplice passaggio in cui chiedi cosa vuoi realizzare. Tu e il tuo studente dovreste essere d'accordo sull'obiettivo fissato e capire perché questo obiettivo è importante per entrambi.

2. Da dove cominciare?

Una volta che hai fissato un obiettivo chiaro, vuoi essere onesto su dove sta iniziando il tuo studente. Quali competenze ha già il tuo studente e quali competenze ha bisogno di migliorare? Se il tuo studente ha problemi di rabbia significativi, allora il tuo punto di partenza può includere l'impatto negativo che la sua rabbia ha su se stesso e sugli altri. Guarda da vicino come il problema sta influenzando la vita a casa, le dinamiche familiari e la scuola. Questo potrebbe non essere facile da fare e potrebbe essere scoraggiante per alcuni genitori e il bambino. Ma tieni presente che il punto di partenza è proprio questo: un punto di partenza. Mantieni un atteggiamento e una prospettiva positivi che è possibile cambiare il punto di partenza. Essere onesti su dove stai iniziando ti consente di vedere chiaramente dove possono essere fatti progressi. Guardare le cose in questo modo e assicurare al tuo studente che il cambiamento è possibile lo incoraggia a fare lo sforzo di lavorare verso il suo obiettivo.

3. Quali misure devono essere adottate?

Ora che sai da dove iniziare, puoi mappare i passaggi che devono essere intrapresi per portare il tuo studente dove vuole andare. Ogni obiettivo che ti poni comporterà fare piccoli passi. Raramente un obiettivo viene raggiunto in un solo passaggio. Analizza gli obiettivi in modo che siano facili da raggiungere per il tuo studente. Pensa a tutte le cose che dovranno essere affrontate e cambiate affinché il tuo studente abbia successo. Ogni passo raggiunto aumenterà la fiducia del tuo studente, quindi anche se può essere una piccola sfida, devi assicurarti che il tuo studente sia in grado di compiere ogni passo.

4. Qual è il primo passo da fare?

Una volta che hai scritto i passaggi, devi metterli in ordine. Pensa a cosa deve essere fatto per raggiungere l'obiettivo finale. Definisci quale sarà il primo passo e poi chiedi quale sarà il prossimo passo. Alcuni dei primi passi più comuni per il tuo studente includono:

- Impara le diverse emozioni
- Capire come si sentono le emozioni nel corpo
- Identifica le situazioni in cui si sentono ansiosi, spaventati, tristi o arrabbiati
- Capire come le loro emozioni o comportamenti influenzano gli altri
- Mettersi nei panni di qualcun altro
- Capire cosa sono i pensieri
- Essere in grado di rilevare pensieri negativi e positivi

Questi primi passi sembrano semplici, ma molti bambini non hanno una comprensione di molti di questi primi passi di base. Questa mancanza di comprensione di base può spesso essere la causa principale del problema che hanno. Una volta stabilito il primo passaggio, viene delineato il passaggio successivo e così via.

5. Quali ostacoli potrebbero ostacolarti quando fai questo primo passo.

Ogni passo deve avere alcuni ostacoli che il tuo studente dovrà imparare e superare. Molte volte sono i nostri pensieri che ostacolano il raggiungimento di un determinato obiettivo. Forse il tuo studente non crede di essere abbastanza intelligente da imparare ciò che è necessario per raggiungere l'obiettivo. Questo è un ostacolo che comporterà fornire al tuo studente pensieri positivi per aiutarlo ad andare avanti. Più avanti in questo libro, imparerai di più su come cambiare i pensieri negativi in quelli positivi. Per ora, chiedi semplicemente al tuo studente cosa pensa possa impedirgli di raggiungere ogni passo. Quando hai tutti i potenziali ostacoli in atto, puoi imparare come superarli.

6. Come farai il primo passo?

Ora che hai fissato l'obiettivo, delineato i passaggi dell'azione e considerato i possibili ostacoli, è tempo di iniziare. Quando si tratta di iniziare, prima pensa a quanto tempo ti impegnerai a lavorare su quel passaggio ogni giorno. Gli studenti potrebbero non essere in grado di lavorare sui passaggi di azione per lunghi periodi, ma ci sono molti modi per lavorare sugli obiettivi durante il giorno per arrivare al risultato finale più rapidamente. Ad esempio, se sai che il tuo studente ha bisogno di migliorare la sua comprensione delle emozioni di base, puoi sederti e lavorare con lui o lei sulle diverse emozioni. Puoi anche incorporare emozioni identificative quando leggi loro.

Se stai partecipando a una sessione CBT, il terapeuta inizierà spesso parlando con il tuo studente del problema e chiedendo esempi e dettagli su quando si verifica il problema. Quindi, il terapeuta fornirà strumenti e affronterà le aree specifiche che contribuiscono al problema. Questi strumenti saranno praticati attraverso giochi di ruolo in modo che tu e il tuo studente capiate come implementarli nella vita quotidiana. Alla fine della sessione, di solito viene assegnato un compito per incoraggiare lo studente a utilizzare ciò che è stato trattato durante la sessione.

Strumenti terapeutici

Gioco - Il terapeuta userà il gioco di ruolo per aiutare il tuo studente a capire e utilizzare gli strumenti per risolvere un problema difficile.

Disegno - Il disegno può essere utilizzato per aiutare lo studente a superare eventuali problemi emotivi o comportamentali. È anche un ottimo modo per aiutarli a identificare i pensieri negativi. In tutto questo libro, troverai diversi esercizi che coinvolgono il disegno per aiutare a lavorare con problemi specifici e rafforzare le loro abilità.

Dialogo - Il modo in cui parli al tuo studente avrà un impatto significativo sulla sua capacità di comprendere e utilizzare gli strumenti discussi. Creare un chiaro percorso di comunicazione tra te e il tuo studente è essenziale per il tuo successo. Il terapeuta esaminerà le frasi da usare con il tuo studente per incoraggiarlo e aiutarlo meglio.

Storie sociali - Le storie sociali possono essere un modo efficace per aiutare il tuo studente a comprendere argomenti impegnativi. Le storie sociali sono create per consentire al tuo studente di identificarsi in situazioni specifiche. Queste storie metteranno il tuo studente come personaggio principale e descriveranno come agiscono, pensano e le emozioni che potrebbero provare in determinate situazioni. Affrontano anche tecniche e strumenti di risoluzione dei problemi che il tuo studente può utilizzare quando si trova in quella situazione.

Giochi - I giochi sono un modo semplice per insegnare ai bambini abilità di base come la pazienza, la sportività e la risoluzione dei problemi. Puoi passare il tempo a giocare a qualsiasi numero di giochi con il tuo studente, che ti fornirà anche del tempo di legame personale.

TCC utilizza una vasta gamma di strumenti semplici ed efficaci che aiuteranno il tuo studente a raggiungere l'obiettivo desiderato. Questi strumenti possono essere utilizzati a casa, a scuola o nella comunità. La pratica regolare è necessaria per garantire che lo studente possa comprendere appieno come e quando utilizzare le tecniche apprese attraverso questi strumenti nelle situazioni quotidiane. Più pratichi con il tuo studente, più svilupperai e rafforzerai queste tecniche.

L'obiettivo della CBT

Mentre stabiliranno un obiettivo specifico verso cui lavorare, ognuno si concentrerà sui fondamenti della CBT. Gli strumenti utilizzati attraverso la CBT daranno al tuo studente le competenze per

- Comprendere i pensieri negativi
- Riconoscere le emozioni
- Stabilire una connessione tra pensieri, emozioni e comportamenti

Ogni obiettivo stabilito si concentrerà su uno di questi tre aspetti:

La valutazione dei risultati:

Una volta che hai iniziato a fare i primi passi per raggiungere l'obiettivo vorrai valutare i progressi dopo ogni passaggio. Ciò consentirà a te e al tuo studente di concordare su ciò che potrebbe aver funzionato e ciò che deve ancora essere migliorato. Sarai anche in grado di fare brainstorming sui modi per compiere ogni passaggio. Ad ogni passaggio, dovresti tenere traccia degli strumenti che sono stati utilizzati e della loro efficacia. Puoi tenere traccia dei tuoi risultati in un modo semplice descritto di seguito.

Quali sono i vantaggi?

- Quale strumento è stato utilizzato?
- In che modo questo strumento ti ha aiutato a raggiungere il tuo obiettivo?
- Quante volte lo strumento è stato utilizzato dal tuo studente in un ambiente quotidiano?
- Questo strumento ha aiutato il tuo studente a capire meglio le sue emozioni, pensieri o comportamenti?
- In quale situazione questo strumento ha aiutato?

- In quale altro modo questo strumento può essere utilizzato per aiutare il tuo studente?

Quali sono gli svantaggi?

- Quanto è stato difficile per il tuo studente usare questo strumento?
- Quanto è stato difficile per il tuo studente capire perché questo strumento è utile?
- Questo strumento ha reso più difficile per il tuo studente comprendere o controllare i suoi pensieri, sentimenti o comportamenti?
- Perché è stato difficile per il tuo studente utilizzare questo strumento?
- Questo strumento può essere modificato per aiutare meglio il tuo studente?

Se il tuo studente ha fatto uno sforzo costante per utilizzare lo strumento per aiutarlo ma non ha avuto successo con lo strumento, allora potrebbe non essere giusto per lui. Se il tuo studente è stato incoerente nell'uso dello strumento, allora devi affrontare il motivo per cui è stato difficile per il tuo studente utilizzare questo strumento e in quali situazioni non è stato utile. Da qui puoi capire meglio cosa può aiutare di più il tuo studente man mano che si avvicina agli obiettivi. Ad esempio, alcuni bambini fanno molto bene quando hanno segnali visivi per ricordare loro come usare lo strumento, altri bambini hanno bisogno di più giochi di ruolo, quindi sono più a loro agio sapendo quando usare gli strumenti. Ogni bambino è diverso e, tenendo traccia di ciò che funziona e di ciò che non funziona, puoi trovare gli strumenti giusti per aiutare il tuo studente ad avere più successo.

CAPITOLO 13:

Strategie per gestire l'ansia, lo stress, la depressione e la rabbia dello studente

Ci sono molti cambiamenti nello stile di vita che puoi fare per assicurarti che il tuo studente sia fisicamente e mentalmente forte. Questo capitolo ti fornirà modi semplici per incoraggiare il tuo studente. Ogni fattore può aiutarli a superare l'ansia, lo stress, la depressione e la rabbia.

Muoviti

Uno dei modi più efficaci per aiutare il tuo studente a gestire lo stress, la rabbia, l'ansia e / o la depressione è attraverso l'esercizio fisico regolare. L'esercizio fisico aiuta a rilasciare le sostanze chimiche che fanno sentire bene il cervello in modo che tu e il tuo studente vi sentiate immediatamente più felici una volta che vi muovete. L'esercizio fisico può anche aiutare ad aumentare l'autostima del tuo studente e aiutarlo a sentirsi più forte mentalmente. Se il tuo studente sta lavorando duramente per dormire bene la notte, incorporare una routine di esercizi regolari può aiutare a regolare il suo ciclo di sonno.

L'esercizio non deve comportare 30 minuti di esercizio cardiovascolare o correre intorno al blocco. Ecco alcune idee che possono trasformare il tempo di gioco in un normale esercizio fisico.

Idee di esercizi per bambini

1. Crea un percorso a ostacoli.

Questo è uno che può essere fatto all'interno o all'esterno. Puoi usare gli oggetti in casa che hai già per creare un divertente percorso a ostacoli per i tuoi studenti da attraversare. Alcune idee per i percorsi a ostacoli possono essere

Metti una scopa appoggiata su due sedie sotto le quali il tuo studente può strisciare.

Attacca il pavimento in modo che il tuo studente possa saltare su ogni linea.

Posiziona piccoli coni o lattine di caffè che il tuo studente può tessere, come in un esercizio di calcio.

Imposta stazioni di allenamento in cui devono fare 5-10 sit-up, rubinetti a muro (dove saltano e colpiscono il muro il più in alto possibile) o jack di salto.

Avere una stazione in cui devono correre sul posto per un minuto.

Usare un cucchiaio per rimuovere palline o palloncini da un secchio e portarli attraverso la stanza per essere collocati in un altro secchio.

2. Esecuzione

Puoi impostare un semplice corso per te e il tuo studente per correre l'uno contro l'altro. Puoi anche includere alcune idee per il percorso a ostacoli per renderlo più divertente. Se il tempo è buono, tu e il tuo studente potete creare una tavola hopscotch e vedere chi può attraversare e tornare per primo.

3. Qualsiasi sport

Puoi giocare una partita di basket individuale con il tuo studente. Puoi anche semplicemente lanciare calcio o baseball avanti e indietro. Può giocare a tag o farli colpire alcune palle da baseball e correre intorno alle basi. Il calcio è un grande sport che solo tu e il tuo studente potete giocare. Qualunque sia lo sport a cui il tuo studente è interessato, trova un modo per voi due di esercitarvi o semplicemente giocare insieme sul prato anteriore.

4. Danza

I bambini amano saltare alla musica, quindi quando dicono di essere annoiati, metti un po 'di musica e lasciali muovere. Puoi anche trovare molti video che permetteranno ai tuoi studenti di imparare facilmente semplici passi per una canzone e ballare la musica.

5. Vai a fare una passeggiata.

Fare una breve passeggiata può migliorare significativamente l'umore del tuo studente. Se hai l'opportunità di camminare da qualche parte invece di guidare, approfitta di questo tempo per i tuoi studenti per uscire e fare un po 'di esercizio veloce. Se hai un cane, assicurati di portare i tuoi studenti con te quando li porti fuori a fare una passeggiata o inizia a fare una routine per portare a spasso il tuo cane se non lo fai già. Puoi trasformare la passeggiata in un divertente gioco di follow-the-leader ed è un ottimo modo per ottenere alcuni salti, corse o altri salti in movimento.

Inoltre, semplicemente permettere al tuo studente di giocare con un hula-hoop, un frisbee, una corda per saltare o su un piccolo trampolino può aiutarlo a ottenere rapidamente l'energia e non avere voglia di allenarsi.

Yoga

Lo yoga avvantaggia il tuo studente in diversi modi. Permette loro di ottenere il controllo sul proprio corpo, concentrarsi sulla respirazione ed è un modo molto efficace per combattere l'ansia e lo stress. Lo yoga può anche aiutare a insegnare ai bambini la consapevolezza del corpo, che può aiutare con il controllo degli impulsi e l'autoregolazione.

Sequenza yoga per bambini

Chiedi al tuo studente di fare ogni mossa per 30 secondi. Dopo ogni movimento, falli alzare e raggiungere le stelle. Ognuno è stato rinominato per imitare un animale rendendolo più amichevole e divertente per i bambini.

1. Striscia come un orso

Chiedi al tuo studente di inginocchiarsi sul pavimento. Fallo camminare come un orso avanti e indietro in modo che le sue ginocchia siano sollevate dal pavimento e quando la sua mano destra si muove verso l'alto, la sua gamba sinistra si muove verso l'alto per incontrare la sua mano sinistra. Quindi alternare in modo che la mano sinistra faccia un passo avanti e il ginocchio destro incontri la mano destra. Chiedi loro di strisciare in avanti di alcuni passi e poi indietro di alcuni passaggi.

2. Rana

Fai accovacciare il tuo studente in modo che le sue gambe siano completamente piegate e le sue mani possano raggiungere di fronte a lui sul pavimento. Questo dovrebbe sembrare una rana seduta su un giglio. Puoi chiedere al tuo studente di saltare su e giù come una rana o puoi semplicemente rilassarti in questa posizione per 30 secondi.

3. Gatto

Il tuo studente inizierà sul pavimento con le mani e le ginocchia. Dovrebbero assomigliare a un tavolo in cui le loro mani sono direttamente sotto le spalle e le loro ginocchia sono sotto i fianchi. Chiedi loro di inarcare la schiena al soffitto come un gatto che si allunga. Quindi falli abbassare la schiena nella posizione di partenza sul tavolo. Ripeti questo back-arching per 30 secondi.

4. Mucca

Dovresti far iniziare il tuo studente nella stessa posizione del gatto. Invece di arrotondare la schiena al soffitto, arrotonda il pavimento e alza la testa al soffitto. Quindi dovrebbero arrotondare la schiena, tornare alla loro posizione di partenza. Puoi facilmente combinare questa posizione con quella del gatto in modo che prima arrotondano la schiena al soffitto e poi immediatamente al pavimento con un movimento regolare.

Mantenere una dieta sana

Ciò che il tuo studente mangia può avere un grave impatto sulla sua salute mentale. I bambini che mangiano una dieta di alimenti per lo più trasformati, cibi ad alto contenuto di zuccheri, cibi ricchi di grassi o una dieta priva di frutta e verdura sono a maggior rischio di sviluppare un disturbo mentale e tendono ad avere più problemi comportamentali.

Una dieta appropriata per i bambini

La dieta del tuo studente dovrebbe consistere in frutta, verdura, cereali integrali, grassi sani e proteine magre. Cerca di evitare snack zuccherati e trasformati come patatine e caramelle e consenti invece a tuo figlio di mangiare frutta, noci, semi o verdure crude.

Puoi rendere i loro piatti più interessanti organizzando il loro cibo in immagini divertenti per bambini come una farfalla, una faccia felice o un arcobaleno.

Dormire

Il sonno è vitale per la crescita dei bambini e, sfortunatamente, i bambini che lottano con problemi comportamentali tendono a non dormire abbastanza. Quando un bambino non dorme abbastanza, è più probabile che abbia sbalzi d'umore e non sia in grado di concentrarsi o concentrarsi.

Sonno consigliato per i bambini

I bambini di età inferiore ai tre anni dovrebbero avere circa 12 ore di notte. I bambini di età compresa tra i tre ei 12 anni dovrebbero dormire almeno 10 ore.

Per aiutare a promuovere modelli di sonno sani, parla con i genitori in modo che possano stabilire una routine del sonno con il tuo studente. Ciò può includere

- Fare il bagno
- Lavarsi i denti
- Preparare i vestiti per il giorno successivo
- Lettura
- Giornale

Gratitudine

Insegnare ai bambini la gratitudine fin dalla tenera età può aiutare a ridurre il rischio di molte malattie mentali come la depressione e l'ansia. La gratitudine aiuta il tuo studente a vedere tutte le cose buone della sua vita e lo aiuta a trovare valore in se stesso e nel mondo che lo circonda.

La gratitudine può anche insegnare ai bambini ad essere empatici e più grati. Iniziare un diario di gratitudine è un modo semplice per i bambini di abituarsi a trovare almeno una cosa per cui essere grati ogni giorno. Questa è anche una grande attività per te e il tuo studente da fare insieme prima di coricarsi.

Avvia un diario della gratitudine

Lascia che il tuo studente scelga un diario che lui o lei può usare per scrivere ciò che lui o lei apprezza. Ogni sera, metti da parte da cinque a dieci minuti per scrivere da una a tre cose per cui sei grato. Puoi incoraggiare il tuo studente e aiutarlo a trovare cose diverse per cui essere grato chiedendo loro:

- Che cosa ha fatto qualcuno di giusto da loro oggi?
- Cosa ti ha reso felice oggi?
- Qual è stata una cosa che hai fatto davvero bene oggi?
- Qual è il tuo giocattolo preferito?
- Chi ti ha aiutato oggi?

CAPITOLO 14:

Comunicazione da adottare con il bambino

La comunicazione è la componente chiave per aiutare il tuo studente a superare eventuali problemi che potrebbe avere. Se il tuo studente soffre di ansia, depressione, rabbia, stress, essere in grado di ascoltare e parlare con lui / lei di ciò che ti infastidisce è il primo passo per aiutarlo / lei. La comunicazione implica sapere come relazionarsi e capire il tuo studente ascoltando ciò che deve fare e parlando con loro per trovare soluzioni e aiutarli a superare i loro problemi.

Esprimere empatia

Non devi essere d'accordo con il comportamento del tuo studente o la ragione per sentirsi in un certo modo, ma vuoi rassicurarlo che stai cercando di vedere le cose dal loro punto di vista. Astenersi dal concentrarsi su come risolvere i problemi con il tuo studente. Fagli sapere che sei lì per ascoltarla e lavorare con lei su ciò con cui sta lottando. Mostrare al tuo studente la volontà di entrare in empatia e fargli sapere che vuoi capire cosa è successo o come si sente è il primo passo per aiutare il tuo studente a identificare il problema per se stesso.

Spesso, molti bambini sono in grado di apportare le modifiche necessarie ai loro pensieri e comportamenti semplicemente essendo in grado di esprimere e raccontare il loro lato della situazione. Sii paziente e calmo mentre il tuo studente ti guida e, se necessario, aiutalo a identificare i difetti nei loro schemi di pensiero se non li catturano da soli.

Ad esempio, se tu e il tuo studente state giocando a un gioco e vincete. Potrebbe arrabbiarsi immediatamente e pensare che "non vince mai" o "non è giusto", oppure potrebbe vedersi come un fallimento. Potresti sentire il tuo studente esprimere come si sente nella situazione e potrebbe essere in grado di riconoscere i pensieri e le azioni negative che corrispondono a come si sente. Da lì possono essere in grado di esprimere che ciò che pensano o sentono semplicemente non è vero.

Scendi al livello di tuo figlio

Una comunicazione efficace è una combinazione di parlare con il tuo studente rispettosamente e in modo appropriato all'età, oltre a scendere fisicamente all'altezza degli occhi del tuo studente. Quando ti abbassi al livello del tuo studente, ti sentirai meno intimidito e più a tuo agio a parlare con lui. Questo assicura anche al tuo studente che stai ascoltando ciò che ha da dire e che puoi più facilmente mantenere il contatto visivo con lui o lei.

Ascolto efficace

La comunicazione non riguarda solo il modo in cui parli con il tuo studente, ma anche il modo in cui ascolti ciò che il tuo studente sta dicendo. In tutto questo libro, l'ascolto è stato la componente principale di ciascuno degli esercizi e delle tecniche di risoluzione dei problemi. Questo perché quando il tuo studente sente che sei davvero diventato ciò che dici, lui o lei si sente più sicuro e supportato. Non devi essere d'accordo con quello che dicono, ma devi far loro sapere che senti e capisci quello che stanno dicendo.

Quando ascolti il tuo studente vuoi dare loro tutta la tua attenzione. Mantieni il contatto visivo con il tuo studente mentre parli. Guardare il telefono o allontanarsi dal tuo studente indicherà che non sei pienamente d'accordo con ciò che stanno dicendo.

Non è sempre conveniente o facile interrompere tutto ciò che stai facendo per dare al tuo studente la tua piena attenzione. In momenti come questi, lavora con il tuo studente per trovare un momento più appropriato per voi due per parlare in modo da poter essere pienamente coinvolti con il tuo studente. Assicurati che capisca quanto sia importante per te parlare di ciò di cui vogliono parlare e che tu voglia dargli la tua piena attenzione quando lo fai.

Quando stai ascoltando, dovresti evitare di interrompere il tuo studente. Spesso è difficile ascoltare senza pensare a modi per rispondere al tuo studente, e questo potrebbe farti interrompere spesso. Quando interrompi il tuo studente quando si sta esprimendo, stai indicando che non sta davvero ascoltando ciò che stai cercando di dire. Ci sono modi per rassicurare il tuo studente che stai ascoltando senza dire una parola. Sorridi in modo incoraggiante, annuisci con la testa o tocca il braccio o la mano mentre parli in modo da sapere che stai seguendo ciò che sta dicendo.

Fai sapere al tuo studente che hai sentito quello che ha da dire ripetendo quello che hai detto ma usando parole leggermente diverse. Questo assicura al tuo studente che hai prestato attenzione e che lui o lei può iniziare a lavorare sulle sue preoccupazioni.

Incoraggia tuo figlio a parlare di più

È una sfida convincere alcuni studenti a parlare di ciò che sta accadendo loro. Molti cercano di evitare queste conversazioni perché non riescono a capire cosa provano o perché si sono comportati nel modo in cui hanno fatto. Ci sono molte frasi che puoi usare per far sentire il tuo studente più a suo agio a parlare con te per aiutarlo a superare i suoi problemi. Usa frasi come:

"Mi piacerebbe saperne di più.
"Puoi dirmi di più?"

"Di cosa vorresti parlare?

"Sembra interessante, puoi dirmi di più?

"Puoi spiegarmelo?"

"Sto ascoltando, puoi darmi maggiori dettagli a riguardo?

"Penso di aver capito, ma puoi dirmi di più su cosa succede quando...?"

"Wow! È interessante. Cosa è successo dopo?"

L'uso di frasi come queste può aiutare ad aprire le linee di comunicazione e incoraggiare il tuo studente a parlare e spiegare di più su ciò che sta accadendo con loro. Tieni presente che ci vuole pazienza e pratica per una comunicazione efficace tra te e il tuo studente. I bambini possono essere in grado di avere una conversazione seria solo per un breve periodo e questo può rendere frustrante per gli insegnanti che cercano di aiutare. Non cercare di fare pressione sul tuo studente affinché parli più di quanto lui o lei sia pronto a parlare. Anche se vuoi aiutare il tuo studente, cercare di spingerlo ad aprirsi ai tuoi sentimenti quando lui / lei non è pronto a farlo può causare più problemi comportamentali e far sentire a tuo figlio che non capisci cosa sta vivendo.

CAPITOLO 15:

Rabbia

Un bambino arrabbiato può essere una seria preoccupazione. La loro frustrazione può indurli ad agire in modi dannosi e non sicuri. I bambini che esprimono la loro rabbia in modi malsani, come colpire, lanciare, ferire se stessi o causare danni agli altri, hanno bisogno di aiuto per imparare modi appropriati per esprimere ciò che sentono e come affrontare questi sentimenti. I genitori che hanno vissuto questi momenti estremi e fuori controllo con i loro figli sanno quanto possano essere spaventosi questi momenti. Non lasciare che ti accada la stessa cosa come insegnante. Prendersi il tempo per insegnare al tuo studente e affrontare i problemi all'inizio gli permetterà di sviluppare le abilità necessarie per ottenere il controllo su se stesso e sulle sue emozioni.

Cos'è la rabbia?

La rabbia è un'emozione comune che tutti proviamo. Può farci reagire immediatamente a ciò che riteniamo ingiusto, spaventoso o stressante. Questa emozione può apparire rapidamente e in un momento in cui possiamo perdere temporaneamente il controllo sui nostri impulsi.

La rabbia è particolarmente difficile da gestire per un bambino. Spesso reagiscono intensamente al sentirsi frustrati e questo può portare a colpire, mordere, lanciare oggetti, urlare e altri comportamenti esagerati. Una volta che la sensazione ha fatto il suo corso, il bambino può calmarsi immediatamente e rimpiangerà il modo in cui ha agito. La cosa da capire è che il comportamento del tuo studente potrebbe essere l'unico modo in cui sa come comunicare ciò che sta provando.

Lanciare, colpire, urlare e altre pericolose reazioni di rabbia sono comuni per un bambino che non sa come esprimersi altrimenti. La rabbia può far sentire rapidamente il tuo studente sopraffatto. Potrebbe non avere ancora le capacità per risolvere il problema che sta affrontando, usare le sue parole al posto del suo corpo o controllare gli impulsi e l'intensità quando si sente arrabbiata.

Molti pensano immediatamente a questo tipo di comportamento semplicemente come agire negativamente per attirare l'attenzione o per ottenere ciò che vogliono. Mentre i bambini piccoli possono mostrare questo tipo di comportamento per soddisfare i loro bisogni, potrebbero non essere in grado di dirti di cosa hanno bisogno o vogliono in modo più appropriato. Il modo in cui tu, come insegnante, reagisci agli attacchi di frustrazione del tuo studente può rafforzare i comportamenti o consentire loro di imparare modi più efficaci di gestire questa emozione estrema.

Come riconoscere la rabbia nei bambini

I bambini che soffrono di ADHD, ansia, difficoltà di apprendimento, problemi di elaborazione sensoriale o autismo avranno frequenti esplosioni violente. Ognuna di queste diagnosi rende più difficile per un bambino elaborare le proprie emozioni ed esprimere correttamente ciò che li preoccupa. Non tutti i bambini hanno una condizione di base che causa la loro rabbia. Molti bambini semplicemente non hanno le competenze o non sono in grado di capire cosa provano per rispondere alla situazione in un modo che sia favorevole.

Perché il tuo studente è arrabbiato

I bambini esprimono la loro rabbia in modi incontrollabili, dal colpire al lanciare cose o parlare in modi scortesi. Quando un bambino si comporta in modo aggressivo, gli fa sapere che si trova in uno stato di angoscia. Spesso mancano di abilità vitali come essere in grado di comunicare correttamente, controllare i loro impulsi o utilizzare meccanismi di coping o capacità di risoluzione dei problemi. Mentre i capricci di temperamento sono normali nei bambini più piccoli, quando continuano oltre i sette anni e diventano più intensi, è un segnale di avvertimento che il tuo studente sta lottando per controllare le sue frustrazioni.

Comportamenti a casa

- Il tuo studente può avere esplosioni estreme e aggressive regolarmente.
- Il tuo studente può mostrare un comportamento pericoloso quando è arrabbiato e può ferire se stesso o gli altri intorno a lui.
- Può sperimentare frequenti e duraturi capricci di temperamento.
- Il comportamento del bambino può causare ulteriore stress o tensione ai membri della famiglia.
- Il tuo studente potrebbe provare rimorso e iniziare a sentirsi negativo su se stesso perché non può controllare la sua rabbia.

Comportamenti a scuola

- Potresti vedere il tuo studente essere aggressivo come fuori controllo.
- Il bambino farà fatica ad andare d'accordo con gli altri.
- I compagni di classe possono escludere un bambino aggressivo.

Come reagire a un bambino arrabbiato

La cosa migliore che puoi fare quando il tuo studente è arrabbiato è rimanere calmo. Può essere una sfida tenerlo insieme e non lasciare che il comportamento del tuo studente influenzi il modo in cui reagisci al suo sfogo. Tieni presente che il comportamento del tuo studente può essere l'unico modo in cui lui o lei sa come comunicare la propria frustrazione e questo viene spesso fatto in modo malsano e non sicuro. Quando rimani calmo, stai dando l'esempio di come puoi rimanere calmo quando sei frustrato. Quando rispondi in modo aggressivo al comportamento del tuo studente, puoi solo rafforzare il comportamento o dare al tuo studente l'impressione che non ti interessa o non stai ascoltando ciò di cui ha bisogno. Potresti non dirgli direttamente di cosa ha bisogno, ma urlare al tuo studente non lo aiuterà a risolvere il suo problema.

Il comportamento di tuo figlio può essere estremamente frustrante, specialmente quando si comporta in questo modo perché non ottiene ciò che vuole. Devi rimanere fermo nelle tue decisioni. Cedere e dare al tuo studente ciò che vuole in modo che smetta di comportarsi in modo inappropriato insegna solo al tuo studente che questo tipo di comportamento gli permetterà di ottenere ciò che vuole. Potrebbe essere allettante dare loro ciò che vogliono in modo che si fermino, ma questo peggiorerà il comportamento e continuerà per anni.

Loda il tuo studente quando è in grado di calmarsi da solo. Vuoi incoraggiare il tuo studente a reagire in modo appropriato quando si sente arrabbiato e questo dirà un sacco di elogi in modo che lui o lei sappia esattamente cosa stanno facendo correttamente. Quando il tuo studente cerca di esprimere verbalmente i suoi sentimenti, dì al tuo studente che sta facendo un ottimo lavoro nel mantenere la calma e nel cercare di comunicare con te su ciò che lo infastidisce. Se il tuo studente lavora con te per trovare un compromesso con ciò che lo ha infastidito, lodalo di nuovo. Ogni sforzo che il tuo studente fa per rispondere alla sua rabbia in modo maturo, lodali per i suoi sforzi.

E i tempi di inattività?

I time-out possono essere un modo efficace per aiutare il tuo studente a ottenere il controllo e capire che ci sono conseguenze sul suo comportamento. Se il tuo studente ha meno di otto anni, i time-out possono essere un modo per lui di calmarsi e poi discutere di ciò che è successo. Se il tuo studente ha più di otto anni, i timeout potrebbero non essere efficaci. In questi casi, alcuni insegnanti hanno successo con ricompense o il sistema di punti quando il bambino mostra comportamenti appropriati.

Tieni presente che i sistemi di ricompensa non sempre aiutano un bambino a capire il suo comportamento. Quando si stabilisce un sistema di ricompensa, è importante sapere quale tipo di comportamento verrà premiato. Alcune cose che puoi premiare includono:

- Il tuo studente ti parla con voce calma anche se è frustrato.
- Respira profondamente quando si arrabbia o usa un'altra tecnica calmante di cui hai parlato.
- Ti chiedono aiuto quando stanno cercando di risolvere un problema.

Ci sono molti comportamenti positivi che puoi premiare, ma vuoi assicurarti che il tuo studente stia sviluppando le abilità di cui ha bisogno per controllare la sua rabbia. Se non stanno facendo uno sforzo per mantenere il controllo di se stessi oltre a cercare una ricompensa, allora un sistema di ricompensa potrebbe non essere l'opzione migliore.

Suggerimenti aggiuntivi

Guarda cosa scatena la rabbia del tuo studente. Molte volte le situazioni, le attività, gli scenari o anche i vestiti che indossano possono essere un fattore scatenante per un guasto. Quando riesci a identificare i fattori scatenanti, puoi aiutare il tuo studente a essere meglio preparato ad affrontare ciò che sta arrivando. Pertanto, ci sono cose che puoi fare per aiutare il tuo studente a superare i fattori scatenanti:

1.Stabilire una routine.

Probabilmente hai sentito quanto i bambini prosperano quando c'è una struttura ai loro tempi e c'è molta verità in questo. Quando stabilisci una routine con il tuo studente, sanno già cosa aspettarsi. Hanno meno probabilità di diventare frustrati con i loro compiti. Creare una routine aiuta il tuo studente a sentirsi più sicuro e sicuro.

Quando si verificano cambiamenti nel tuo programma, come spesso accadrà, assicurati di parlare con il tuo studente dei cambiamenti imminenti in anticipo. Alcuni bambini possono facilmente adattarsi quando gli viene detto che qualcosa di diverso sta accadendo nella loro giornata. Altri bambini potrebbero aver bisogno di essere ricordati con qualche giorno di anticipo. Se sai che ci sarà un cambiamento nella routine tipica del tuo studente, è meglio farglielo sapere in anticipo in modo che possano essere preparati.

2.Utilizzare timer/avvisi basati sul tempo.

Se il tuo studente diventa facilmente frustrato quando è il momento di passare all'attività successiva della giornata, dare avvertimenti verbali o impostare timer può essere utile. Dovresti assicurarti che il tuo studente capisca che l'attività di cui è attualmente preoccupato dovrà terminare presto e che verrà svolta un'altra attività. Quando si inizia a implementare gli avvisi e i timer, potrebbe essere necessario assegnare ad alcuni di essi una mezz'ora prima della transizione. Questo può sembrare sconvolgente per il tuo studente, ma lo aiuta a prepararsi per ciò che lo attende.

Quando usi avvertimenti verbali o timer, devi avere l'attenzione del tuo studente per sapere che lui o lei capisce cosa ci si aspetta da lui o lei. Se il tuo studente è impegnato a giocare durante la ricreazione mentre gli dici che gli rimangono 10 minuti prima di entrare in classe, potrebbe ricevere un "Ok", ma il tuo studente potrebbe non aver elaborato affatto ciò che gli hai detto. Scendi al livello del tuo studente e spiega in termini semplici che il tempo di gioco sarà presto finito, fagli sapere che gli farai sapere quando gli rimane "X" quantità di tempo e quando il timer si spegne è il momento di passare all'attività successiva.

3.Chiedi loro di ripetere ciò che ci si aspetta da loro.

Molti bambini sono facilmente distratti e fanno un lavoro fantastico nel non prestare attenzione a ciò che i genitori e i caregiver dicono loro. Questo porta rapidamente alla frustrazione e alla dissoluzione quando un bambino pensa che sia ingiusto per te prendere tutte le decisioni. Se hai una costante lotta di potere con il tuo studente che scatena un'esplosione di rabbia, potrebbe semplicemente essere perché il tuo studente non sta davvero elaborando ciò che gli stai dicendo e quindi non ha idea di cosa ci si aspetta da lui.

Quando gli dai avvertimenti, rivede le conseguenze o gli dai istruzioni per fare qualcosa, vuoi scendere al suo livello e fargli ripetere ciò che hai detto. A seconda della loro età, dovrai semplificare ciò che dici o i passaggi che fai in modo che possano facilmente ricordare ciò che hai appena detto. Non lasciare che continuino con un'attività che stanno attualmente facendo se non ripetono ciò che hai detto. Ci sarà molta resistenza quando usi queste tecniche con il tuo studente per diversi motivi. Potrebbe essere necessario ripetersi un paio di volte prima che ciò che hai detto si attacchi al cervello del tuo studente, ma rimanere calmo e paziente aiuterà il tuo studente a rimanere calmo e paziente.

4.Usa foto o elenchi.

I bambini più piccoli potrebbero aver bisogno di avere foto per aiutarli a rimanere in pista e ricordare loro come rimanere calmi quando sono frustrati. Puoi pubblicare immagini di tecniche di rilassamento o di ciò che è nel programma giornaliero in modo che il tuo studente sappia dove cercare per sapere cosa fare quando si sente arrabbiato e sa anche cosa succederà durante il giorno.

I bambini più grandi possono aiutarti a creare un elenco di attività o un programma giornaliero di come andrà la giornata. Puoi creare tracker per aiutarli a sapere tutto ciò che devono fare in termini di attività, compiti a casa o attività.

Gli ausili visivi sono eccellenti per aiutare i bambini a imparare a calmarsi, in quanto sono più in grado di ricordare un'immagine che vedono delle parole che vengono loro dette.

CONCLUSIONE

L'istruzione è essenziale per ogni bambino. Ci sono molti modi per aiutare a insegnare ai bambini l'alfabeto, ma la maggior parte dei genitori non conosce il modo migliore. Ad esempio, l'abilità più importante che ogni bambino dovrebbe imparare è come risolvere i problemi. Questa abilità è essenziale per qualsiasi bambino, da un neonato a un adulto.

I bambini imparano meglio quando hanno l'opportunità di praticare la risoluzione dei problemi. Se il tuo studente viene a scuola con un problema che è stato risolto da qualcun altro a casa, parlagli del problema e lascia che lo risolva. Poi, quando lui o lei ha risolto il problema, chiedigli cosa ha fatto per risolverlo! Questo è un buon modo per i bambini di sperimentare la risoluzione dei problemi e comportarsi come un "risolutore di problemi" piuttosto che semplicemente reagire.

Assicurati di partecipare alle attività con i tuoi bambini! Guardali sempre in modo da poterli aiutare se ne hanno bisogno!

L'obiettivo di un curriculum educativo è insegnare agli studenti a pensare, non a memorizzare. Tuttavia, nel vero spirito dell'educazione, vogliamo che i bambini abbiano una conoscenza completa che consenta loro di risolvere i problemi senza memorizzare formule o rigurgitare fatti.

Agli studenti dovrebbe essere insegnato a "pensare fuori dagli schemi. L'apprendimento di abilità creative e uniche li aiuterà ad adattarsi a nuovi ambienti e ad andare d'accordo con altre persone e altre specie.

In un mondo ideale, le scuole si concentrerebbero maggiormente sull'insegnare agli studenti a pensare piuttosto che semplicemente ricordare i fatti fondamentali. Fortunatamente, questo è ora possibile grazie a Education for Children's Educational Solutions!

Un insegnante è un modello per gli studenti a cui insegnano. Un buon insegnante trova il modo di motivare i suoi studenti, insegna loro importanti abilità di vita e li aiuta a superare gli ostacoli che affrontano nella loro vita quotidiana.

Nel corso degli anni, l'educazione dei bambini ha provato diversi approcci per insegnare ai bambini come risolvere i problemi. Per avere successo nella risoluzione dei problemi, sia i bambini che gli adulti hanno bisogno di determinate abitudini e abilità. Pertanto, imparare a risolvere i problemi è importante a qualsiasi età.

La parte più importante dell'educazione dei bambini è aiutare i bambini a superare gli ostacoli che affrontano nella loro vita quotidiana. Il modo migliore per farlo è insegnare al bambino la fiducia in se stesso e l'autodisciplina che lo aiuteranno a far fronte alle difficoltà man mano che cresce. L'istruzione per i bambini riguarda tanto l'apprendimento delle abilità di vita quanto le questioni relative alla scuola. La chiave è assicurarsi che il bambino abbia l'ambiente e il sistema di supporto giusti per aiutarlo a sviluppare queste abilità fin dall'infanzia.

L'istruzione è una parte molto importante della vita dei bambini. Se non hanno l'opportunità di imparare, non saranno mai in grado di affrontare le sfide dell'età adulta.

Sfortunatamente, non tutti i bambini hanno le stesse opportunità di imparare.

Alcune persone vedono questo come "educazione per i bambini. Altri lo vedono come qualcosa di completamente diverso. Non importa cosa ne pensi, sappi solo che gli insegnanti ne stanno approfittando e insegnando ai loro studenti le abilità di cui hanno bisogno per superare gli ostacoli nella loro vita.

Mentre molte persone vedono questa come un'area che potrebbe utilizzare qualche miglioramento, altri la vedono come qualcosa di molto utile per le loro vite!

Printed by Amazon Italia Logistica S.r.l.
Torrazza Piemonte (TO), Italy